L'ARCHI-TRÉSORIER
DE L'EMPIRE

En vertu des pouvoirs qui lui ont été conférés par S. M. l'EMPEREUR et ROI, DÉCRÈTE:

Art. 1. Le Directeur des Douanes fera tenir un compte séparé du produit des droits qui entroient dans la Trésorerie Ligurienne et de ceux qui étoient affectés à la Banque S.t George.

2. Chaque jour il fera verser le premier dans la caisse de la Trésorerie, et le second dans la caisse de la Banque pour être employé, partie au payement des retraites militaires et des pensions des Religieux, et le reste y être reservé pour le payement des intérêts des actions de la Banque.

3. Chaque jour le Directeur des Douanes adressera à l'Archi-Trésorier l'état du produit de chaque nature de droits.

Fait en notre Palais à Gênes le 30. Messidor an 13 (18 Juillet 1805.)

LE-BRUN.

PAR SON ALTESSE SÉRÉNISSIME

Le Secrétaire de ses commandemens,

BENOIT.

N. 2.

L'ARCHI-TRÉSORIER

DE L'EMPIRE

En vertu des pouvoirs qui lui ont été conférés par S. M. l'EMPEREUR et ROI, DÉCRÈTE:

Art. 1. Les Régisseurs des droits sur les grains et sur les vins cesseront leurs fonctions.

2. Le Directeur des Douanes fera percevoir ces droits jusqu'à nouvel ordre et se servira des employés de la Régie.

3. Les Régisseurs lui représenteront leurs registres, journaux, et autres pièces; lesquels seront visés et arrêtés par lui et souscrits par eux.

4. Il sera dressé un état de tous les effets, traites, billets, titres de créance qui sont aux mains de la Régie, et ils seront immédiatément versés dans la Tresorerie avec les fonds qu'ils pourroient avoir en caisse.

5. Il sera de suite procédé à la vérification et apurement des comptes de la Régie.

6 Sont nommés pour procéder à la dite

vérification et apurement conjointement avec le Directeur des Douanes

MM. Jean Baptiste Rossi et Dominique Celesia ex-Sénateurs.

7. Le procès-verbal de vérification et d'apurement sera fait quadruple. Une expédition en sera adressée à l'Archi-Trésorier, une sera remise aux Régisseurs, une autre au Directeur des Douanes, et la quatrième déposée aux Archives de la Préfecture de Gênes.

Fait en notre Palais à Gênes le 30 Messidor an 13 (18. Juillet 1805.)

LE-BRUN.

PAR SON ALTESSE SÉRÉNISSIME

Le Secrétaire de ses commandemens

BENOIT.

N. 3.

L'ARCHI-TRÉSORIER
DE L'EMPIRR

En vertu des pouvoirs qui lui ont été conférés par S. M. l'EMPEREUR et ROI, DÉCRÈTE:

Art. 1. Monsieur le Préfet maritime de Gênes

4

MM. Claude Oneto
          Fabiano
et Hypolite Durazzo; se réuniront pour chercher quel seroit le local le plus propre à recevoir l'établissement des Soldatini dans la nouvelle destination que sa Majesté lui a donné.

2 Ils presenteront à l'Archi-Trésorier au plus tard dans le délai de 8. jours le résultat de leurs recherches.

Fait en notre Palais à Gênes le 30 Messidor an 13 (19 Juillet 1805.)

LE-BRUN.

PAR SON ALTESSE SÉRÉNISSIME
Le Secrétaire de son commandemens

BENOIT.

N. 4.

L'ARCHI-TRÉSORIER

DE L'EMPIRE

En vertu des pouvoirs qui lui ont été conférés par S. M. l'EMPEREUR et ROI, DÉCRÈTE:

Art. 1. Il y aura une Société d'Agriculture, et d'Économie rurale dans chacun des Départemens de Gênes, de Montenotte, et des Apennins.

2. Pour former ces Sociétés il sera choisi par l'Archi-Trésorier, sur l'avis des Préfets et sous Préfets, dans chaque Arrondissement des dits Départemens, trois Propriétaires instruits, faisant valoir eux mêmes leurs propriétés et appartenans à des Cantons différents.

3. Chacun d'eux donnera dès la 1.re année le tableau de l'Agriculture dans le Canton, qu'il habite, fera connoître les pratiques, qui y sont en usage, en indiquera les vices ou les avantages, et les améliorations dont il les croit susceptibles. Il continuera ce travail les années suivantes, et marquera le progrès ou la dégénération de l'Agriculture.

4. Deux fois par an, la Société se rassemblera au Chef-lieu du Département, au jour qui sera indiqué par le Préfet.

5 Dans cette réunion seront lus, et discutés les mémoires, observations, expériences fournis par chacun des membres, et ceux encore qui pourroient avoir été adressés à la Société par des étrangers.

6. La seconde réunion sera terminée par une séance publique dans la quelle sera décerné un prix à celui qui, dans tout le Département, aura cultivé avec le plus d'intelligence, et de succès.

7. Le procès verbal des travaux des dites Sociétés sera chaque année adressé au Ministre de l'Intérieur, et présenté à Sa Majesté.

Fait en notre Palais à Gênes le 30 Messidor An 13 (19 Juillet 1805.).

LE-BRUN.

PAR SON ALTESSE SÉRÉNISSIME
Le Secrétaire de ses commandemens,

BENOIT.

N. 5.

L'ARCHI-TRÉSORIER

DE L'EMPIRE.

En vertu des pouvoirs qui lui ont été conférés par S. M. l'EMPEREUR et ROI, DÉCRÈTE:

Art. 1. L'Académie de Gênes formera dans son sein une Commission de trois membres pour présenter à l'Archi-Trésorier ses vues sur sa meilleure organisation, et sur les moyens de donner plus d'activité et plus d'utilité à ses travaux.

2 Une autre Commission de trois mem-

bres s'occupera de chercher quel seroit le local le plus propre à recevoir cet établissement.

3 MM. Jerôme Serra

Et Gotard Solari s'adjoindront à ces deux Commissions.

4 Toutes deux présenteront à l'Archi-Trésorier, au plus tard, dans le délai de 15 jours, le resultat de leurs réflexions et de leurs recherches.

Fait en notre Palais à Gênes le 30. Messidor an 13 (19. Juillet 1805.)

LE-BRUN.

PAR SON ALTESSE SÉRÉNISSIME

Le Sécrétaires de ses Commandemens,

BENOIT.

N. 6,

L'ARCHI-TRÉSORIER

DE L'EMPIRE

En vertu des pouvoirs qui lui ont été conférés par S. M. l'EMPEREUR et ROI, DÉCRÈTE:

Art. 1 Sont nommés Directeurs des Con-

8

tribution pour le Département de Gênes
le sieur Horace Assereto ; pour le Départe-
tement de Montenotte, le sieur De-Marini
Provéditeur à Savone; pour celui des Apennins le sieur Emmanuel Saporiti .

2 Ils prendront leurs commis parmi les
employés des Finances , de Guerre et
Marine, des Douanes ou de la Banque
S. George .

3 Ils entreront immédiatement en cor-
respondance avec M. Delorme Commissaire
extraordinaire pour les Contributions, lequel les instruira de tout ce qu'ils doivent
savoir pour bien remplir les fonctions
auxquelles il sont appelés .

Fait en notre Palais à Gênes le 3o.
Messidor an 13. (18 Juille 1805.)

LE-BRUN.

PAR SON ALTESSE SÉRÉNISSIME
Le Sécrétaires de ses commandemens ,

BENOIT.

N. 7.

L'ARCHI-TRÉSORIER

DE L'EMPIRE

En vertu des pouvoirs qui lui ont été conférés par S. M. l'EMPEREUR et ROI, DÉCRÈTE :

Art. 1 Sont nommés Receveurs généraux dans les trois Départements de la 28.e Division

Monsieur Jacques Baratta pour le Département de Gènes.

Monsieur Jean Baptiste Vissei Caissier de la Trésorerie Ligurienne pour le Département des Apennins.

Monsieur Mariani Provediteur sous-Préfet de Chiavari pour le Département de Montenotte.

2 Les dits Receveurs généraux prendront leurs commis parmi les employés des Finances, de la Guerre, et de la Marine, des Douanes ou de la Banque à leur choix.

3 Ils se rendront auprès de Monsieur Delorme Commissaire extraordinaire pour les contributions, le quel leur donnera toutes les instructions nécéssaires pour

l'exercice des fonctions, dont ils sont chargés.

LE-BRUN.

PAR SON ALTESSE SÉRÉNISSIME
Le Sécrétaire de ses commandemens,

BENOIT.

N. 8.

L'ARCHI-TRÉSORIER

DE L'EMPIRE.

En vertu des pouvoirs qui lui ont été conférés par S. M. l'EMPEREUR et ROI, DÉCRÈTE:

Art. 1. Mr Vissei Receveur Général du Département des Apennins remettra sans délai la caisse de la Trésorerie à Mr Baratta Receveur Général de Cênes.

2. Il sera préalablement fait une vérification de la d. Caisse, et il sera dressé un inventaire de tout l'argent, effets, créances appartenants à la Trésorerie et de tous les objets qui pourroient y être déposés.

3. Il sera pareillement dressé un état de toutes les sommes que les divers fer-

miers , receveurs et régisseurs auroient dû verser .

4. Sont nommés pour procéder à la dite vérification et dresser le dit inventaire sous la présidence de M. Fravega ex-Président des Finances, MM. Michel Tealdo, et Ignace Serra.

5 La dite vérification faite et le dit inventaire clos, il en sera fait trois expéditions, une pour Sa Majesté l'Empereur et Roi, une pour M. l'Archi-Trésorier ; la troisième pour le sieur Baratta receveur général ; la minute sera déposée aux archives de la Préfecture .

Fait en notre Palais à Gênes le 30 Messidor an 13 (19 Juillet 1805.)

LE-BRUN.

PAR SON ALTESSE SÉRÉNISSIME
Le Secrétaire de ses commandemens,

BENOIT.

N. 9.

L'ARCHI-TRÉSORIER

DE L'EMPIRE

En vertu des pouvoirs qui lui ont été conférés par S. M. l'EMPEREUR et ROI, DÉCRÈTE:

Art. 1. Une commission extraordinaire composée de S. E. M. le Cardinal Archevêque de Gênes, de M. le préfet provisoire de Gênes, de M. le maire provisoire de Gênes, de MM. Jean Baptiste Casanova, Joseph Mollo, négociants et Dominique Serra, vérifiera la situation de l'hospice des pauvres, établira l'état au vrai de ses revenus et de ses dépenses, proposera des vües d'amélioration et d'économie et surtout les moyens qu'elle croira les plus utiles d'occuper les indigents, que cette maison renferme.

2. La même commission établira l'état de situation du grand hospice de pammatone, proposera ses vües d'amélioration, et d'économie sur toutes les parties de cet établissement et surtout sur les moyens de conserver les enfans abandonnés.

3. Ce travail achevé, la commission en

remettra le resultat à l'Archi-Trésorier,
qui tiendra chez lui des conférences sur
ces objets importans, tant avec les membres de la commission, qu'avec d'autres
citoyens instruits et attachés au bonheur
de leur patrie.

Fait en notre Palais à Gênes le 3
Thermidor An 13 (22 Juillet 1805.).

LE-BRUN.

PAR SON ALTESSE SÉRÉNISSIME
Le Secrétaire de ses commandemens,

BENOIT.

N. 10.

L'ARCHI-TRÉSORIER

DE L'EMPIRE

En vertu des pouvoirs qui lui ont
été conférés par S. M. l'EMPEREUR
et ROI, DÉCRÈTE:

Art. I. Une commission extra-ordinaire
composée de MM. Hypolite Durazzo,
Augustin Pinello, Onuphre Scassi établira l'état au vrai des revenus, & des dépenses de l'Université, & proposera ses

vües sur les moyens d'amélioration et d'é-
conomie dont elle les coira susceptibles.

2 Elle remetra dans le plus court délai
son travail a l'Archi-Trésorier, qui après
l'avoir discuté avec elle, proposera à sa
Majesté les mesures les plus propres à
soutenir la splendeur de cet important
établissement.

Fait en notre Palais à Gênes le 3.
Thermidor an 13 (22. Juillet 1805.)

LE-BRUN.

PAR SON ALTESSE SÉRÉNISSIME
Le Sécrétaires de ses Commandemens,

BENOIT.

N. 11.

L'ARCHI-TRÉSORIER

DE L'EMPIRE

En vertu des pouvoirs qui lui ont
été conférés par S. M. l'EMPEREUR
et ROI, DÉCRÈTE:

Art. 1 Les comptes de la ferme des
droits sur les grain et le vin seront veri-
fiés et appurés.

16

2 Sont nommés pour procéder à cette opération sous la présidence de l'ex-président des finances MM. Dominique Celesia, et Dominique Strafforello.

3 Le reliquat s'il y en a, sera sans delai versé dans la caisse de la Trésorerie.

Fait en notre Palais à Gênes le 3 Thermidor an 13 (22 Juillet 1805.)

LE-BRUN.

PAR SON ALTESSE SÉRÉNISSIME

Le Secrétaire de ses commandemens,
BENOIT.

N. 12.

L'ARCHI-TRÉSORIER

DE L'EMPIRE

En vertu des pouvoirs qui lui ont été conférés par S. M. l'EMPEREUR et ROI, DÉCRÈTE:

Art. 1. Il y aura auprès du Prince Archi-Trésorier un conseil de navigation et de commerce.

2. Ceux qui dans la place de Gênes, de Savone, de Chiavari, d'Oneille et de Port-Maurice font le commerce par mer ou le cabotage, se réuniront le premier du mois d'août dans leurs places respectives et désigneront entre eux trois citoyens, qu'ils présenteront au choix du Prince Archi-Trésorier, qui nommera un des trois pour être membre du conseil de navigation et de commerce.

3. Ce conseil s'assemblera chez le Prince Archi-Trésorier le 20. du mois d'août prochain.

4. Là seront discutées toutes les mesures qui paroîtront propres à favoriser les progrès de la navigation commerciale, et le résultat en sera présenté à l'approbation de sa Majesté.

18

5, Les membres de cette première réunion nommeront avec l'agrément du Prince Archi-Trésorier trois d'entre eux, qui seront constamment auprès de lui les organes de l'intérêt du commerce maritime.

6. MM. les préfets des trois départemens sont chargés de l'exécution du présent décrèt.

Fait en notre Palais à Gênes le 4 Thermidor an 13 (23 Juillet 1805.)

LE-BRUN.

PAR SON ALTESSE SÉRÉNISSIME

Le Sécrétaire de ses commandemens,

BENOIT.

N. 13.

L'ARCHI-TRÉSORIER

DE L'EMPIRE

En vertu des pouvoirs qui lui ont été conférés par S. M. l'EMPEREUR et ROI, DÉCRÈTE:

Art. 1. Il y aura près du Prince Archi-Trésorier de l'Empire un conseil des arts et metiers.

2. Pour le former, les chefs de manufacture de Gênes, les fabricants princi-

paux, les orfèvres et eutres chefs de professions se réuniront le premier du mois
d'août par classe et designeront entre eux
trois sujets les plus instruits et les plus
capables de discuter les intérèts de leurs
professions et les présenteront au choix
du Prince Archi-Trésorier qui nommera
l'un des trois , membre du conseil.

3. Ce conseil s'assemblera chez le Prince
Archi-Trésorier une fois par mois. Dans
cette réunion seront discutées et examinées
toutes les propositions qui pourront être
faites pour l'intérêt des manifactures et
fabriques de Gênes.

4. Le Prince Archi-Trésorier portera à
l'approbation de l'Empereur toutes les
mesures qui lui auront paru mériter de
de lui être présentées.

Fait en notre Palais à Gênes le 4
Thermidor an 13 (23 Juillet 1805.)

LE-BRUN.

PAR SON ALTESSE SÉRÉNISSIME

Le Secrétaire de ses commandemens,

BENOIT.

N. 14.

ARRÊTÉ

Qui régle le Costume des Membres des Tribunaux, des Gens de Loi, & des Avoués du 2. Nivose.

Les Consuls de la république, sur le rapport du grand-juge, ministre de la justice ; le conseil d'état entendu,

ARRÈTENT :

Art. 1. Les membres de tous les tribunaux de la république, les gens de loi, & avoués qui exercent leurs fonctions près d'eux, porteront tous, à l'avenir, dans l'exercice de leurs fonctions, un habit long, de la forme, & de la couleur réglées aux articles suivants.

2. Les juges des tribunaux d'appel, & des tribunaux criminels, les commissaires du gouvernement, & leurs substituts près ces tribunaux, porteront

Aux audiences ordinaires, simarre de soie noire, toge de laine noire à grandes manches ; ceinture de soie noire pendante, & franges pareilles ; toque de soie noire unie, cravate de batiste blanche, plissée ; cheveux longs, ou ronds.

Les présidens, & vice-présidens auront, au bas de la toque un galon de velours noir, liséré d'or.

Aux grandes audiences, & aux cérémonies publiques, ils porteront le même costume, avec les modifications suivantes.

La toge de même forme, en laine rouge; toque de velours noir, bordée, au bas, d'un galon de soie, liséré d'or.

Le président aura un double galon à la toque.

3. Les greffiers en chef porteront le même costume que les juges, sans galon à la toque.

Les commis-greffiers tenant la plume porteront,

Aux audiences ordinaires, la toge noire, sans simarre, & la toque noire, sans galon;

Aux grandes audiences, & cérémonies, la toge noire avec simarre, & ceinture.

4 Les juges des tribunaux de première instance, les commissaires du gouvernement, et leurs substituts, ainsi que le substitut du commissaire du gouvernement près le tribunal criminel, porteront

Aux audiences ordinaires, simarre, & toge de laine noire à grandes manches; ceinture de laine noire, pendante, toque de laine noire unie, bordée de velours.

noir ; cravate tombante de battiste blanche, plisée ; cheveux longs, ou ronds.

Les présidens, & vice-présidens auront, au bas de la toque, un galon d'argent.

Aux audiences solemnelles, & aux cérémonies publiques, ils porteront le même
costume avec les modifications suivantes.

Une simarre de soie noire, une ceinture de soie, couleur bleu clair à franges de soie ; un galon d'argent au bas de
la toque.

Le président aura un double galon.

5. Les greffiers en chef porteront le même
costume que les juges, mais sans bord à
la toque.

Les commis-greffiers tenant la plume
porteront la toge fermée, sans simarre.

6. Aux audiences de tous les tribunaux,
les gens de loi & les avoués porteront la
toge de laine, fermée par-devant, à manches larges ; toque noire, cravate pareille
à celle des juges ; cheveux longs, ou ronds.

7. Les juges de paix & leurs greffiers
porteront, dans l'exercice de leurs fonctions, le même costume que les juges &
greffiers des tribunaux de première instance.

8. Tous les huissiers porteront un habit
noir complet, à la française ; manteau
court, de soie, ou laine, jeté en arrière ;
cravate de battiste, chapeau à trois cor-
nes, cheveux longs, ou ronds.

24

10. Les membres des tribunaux seront tenus de prendre, dans l'exercice de leurs fonctions, le costume réglé par les articles ci-dessus, avant le premier vendémiaire prochain.

11. Le grand-juge, ministre de la justice est chargé de l'exécution du présent arrêté, qui sera inséré au bulletin des loix.

Le premier Consul
signé BONAPARTE.

Par le premier Consul,
Le Sécrétaire d'État.
signé-Hugues-B. Maret.

Le grand-juge, Ministre de la justice
signé Regnier

Pour copie conforme
L'Archi-Tresorier de l'Empire
signé Le-Brun

Par son Altesse Sérénissime
Le Sécrétaire de ses Commandemens,
signé Benoit

N. 15.

L O I

CONTENANT *Organisation du Notariat.*

Du 25 Ventose an XI. de la République française.

AU NOM DU PEUPLE FRANÇAIS,

BONAPARTE premier Consul, PRO-
CLAME loi de la République le décret suivant, rendu par le Corps législatif le 25
Ventose an XI, conformément à la proposition faite par le Gouvernement le 14
du même mois, communiquée au Tribu-
nat le 16 suivant.

D É C R E T.

TITRE PREMIER.

Des Notaires & des Actes notariés.

SECTION PREMIÈRE.

*Des Fonctions, Ressort & Devoirs
des Notaires.*

Art. 1. Les notaires sont les fonctionnaires publics établis pour recevoir tous
les actes & contrats auxquels les parties

doivent ou veulent faire donner le caractère d'authenticité attaché aux actes de
l'autorité publique, & pour en assurer
la datte, en conserver le dépôt, en délivrer des grosses & expéditions.

2. Ils sont institués à vie.

3. Il sont tenus de prêter leur ministère lorsqu'ils en sont requis.

4. Chaque notaire devra résider dans
le lieu qui lui sera fixé par le Gouvernement. En cas de contravention, le notaire
sera considéré comme démissionnaire ; en
conséquence, le grand-juge, ministre de
la justice, après avoir pris l'avis du tribunal, pourra proposer au Gouvernement
le remplacement.

5. Les notaires exercent leurs fonctions, savoir, ceux des villes où est établi le tribunal d'appel, dans l'étendue du
ressort de ce tribunal ;

Ceux des villes où il n'y a qu'un tribunal de première instance, dans l'étendue du ressort de ce tribunal ;

Ceux des autres communes, dans l'é-
tendue du ressort du tribunal de paix.

6. Il est défendu à tout notaire d'in-
strumenter hors de son ressort, à peine
d'être suspendu de ses fonctions pendant
trois mois, d'être destitué en cas de récidive, & de tous dommages-intérêts.

7. Les fonctions de notaires sont in-

compatibles avec celles de juges, commissaires du Gouvernement près les tribunaux, leurs substituts, greffiers, avoués, huissiers, préposés à la recette des contributions directes & indirectes, juges, greffiers & huissiers des justices de paix, commissaires de police & commissaires aux ventes.

Section II.

Des Actes, de leur forme ; des Minutes, Grosses, Expéditions & Répertoires.

8. Les notaires ne pourront recevoir des actes dans lesquels leurs parens ou alliés, en ligne directe à tous les degrés, et en collatérale jusqu'au degré d'oncle ou de neveu inclusivement, seraient parties, ou qui contiendraient quelque disposition en leur faveur.

9. Les actes seront reçus par deux notaires, ou par un notaire assisté de deux témoins, citoyens français, sachant signer, & domiciliés dans l'arrondissement communal où l'acte sera passé.

10. Deux notaires, parens ou alliés au dégré prohibé par l'article 8., ne pourront concourir au même acte.

Le parens, alliés, soit du notaire, soit des parties contractantes au dégré prohibé par l'article 8., leurs clercs & leurs serviteurs, ne pourront être témoins.

11. Le nom, l'état & la demeure des parties devront être connus des notaires, ou leur être attestés dans l'acte par deux citoyens connus d'eux, ayant les mêmes qualités que celles requises pour être témoin instrumentaire.

12. Tous les actes doivent énoncer les noms & lieu de résidence du notaire qui les reçoit, à peine de cent francs d'amende contre le notaire contrevenant.

Il doivent également énoncer les noms des témoins instrumentaires, leur demeure, le lieu, l'année & le jour où les actes sont passés, sous les peines prononcées par l'article 68. ci-après, & même de faux, si le cas y échoit.

13. Les actes de notaires seront écrits en un seul & même contexte, lisiblement, sans abréviation, blanc, lacune, ni intervalle; ils contiendront les noms, prénoms, qualités & demeures des parties, ainsi que des témoins qui seraient appelés dans le cas de l'article 11. Ils énonceront en toutes lettres les sommes & les dattes; les procurations des contractans seront annexées à la minute, qui fera mention que lecture de l'acte a été faite aux parties, le tout à peine de cent francs d'amende contre le notaire contrevenant.

14. Les actes seront signés par les parties, les témoins & les notaires qui doivent en faire mention à la fin de l'acte.

Quant aux parties qui ne savent ou ne peuvent signer, le notaire doit faire mention, à la fin de l'acte, de leurs déclarations à cet égard.

15. Les renvois & apostilles ne pourront, sauf l'exception ci-après, être écrits, qu'en marge; ils seront signés ou paraphés, tant par les notaires que par les autres signataires, à peine de nullité des renvois & apostilles. Si la longueur du renvoi exige qu'il soit trasporté à la fin de l'acte, il devra être non seulement signé ou paraphé comme les renvois écrits en marge, mais encore expressément approuvé par les parties, à peine de nullité du renvoi.

16. Il n'y aura ni surcharge, ni interligne, ni addition dans le corps de l'acte; & les mots surchargés, interlignés ou ajoutés, seront nuls. Les mots qui devront être rayés le seront de manière que le nombre puisse en être constaté à la marge de leur page correspondante, ou à la fin de l'acte, & approuvé de la même manière que les renvois écrits en marge; le tout à peine d'une amende de cinquante francs contre le notaire, ainsi que de tous dommages-intérêts, même de destitution en cas de fraude.

17. Le notaire qui contreviendra aux lois & aux arrêtés du gouvernement concernant les noms & qualifications supprimées, les clauses & expressions féodales, les mesures & l'annuaire de la république, ainsi que la numération décimale, sera condamné à une amende de cent francs qui sera double en cas de récidive.

18. Le notaire tiendra exposé dans son étude, un tableau sur lequel il inscrira les noms, prénoms, qualités & demeures des personnes qui, dans l'étendue du ressort où il peut exercer, sont interdites ou assistées d'un conseil judiciaire, ainsi que la mention des jugemens relatifs; le tout immédiatement après la notification qui en aura été faite, & à peine des dommages-intérêts des parties.

19. Tous actes notariés feront foi en justice, & seront exécutoires dans toute l'étendue de la république.

Néanmoins, en cas de plainte en faux principal, l'exécution de l'acte argué de faux sera suspendue par la déclaration du jury d'accusation, prononçant qu'*il y a lieu à accusation* : en cas d'inscription de faux faite incidemment, les tribunaux pourront, suivant la gravité des circonstances, suspendre provisoirement l'exécution de l'acte.

20. Les notaires seront tenus de gar-

der minute de tous les actes qu'ils recevront.

Ne sont néanmoins compris dans la
présente disposition les certificats de vie,
procurations, actes de notoriété, quittances de fermages, de loyers, de salaires,
arrérages de pensions & rentes, & autres
actes simples qui, d'après les lois, peuvent
être délivrés en brevet.

21. Le droit de délivrer des grosses &
des expéditions n'appartiendra qu'au notaire possesseur de la minute; &, néanmoins tout notaire pourra délivrer copie
d'un acte qui lui aura été déposé pour
minute.

22. Les notaires ne pourront se désaisir
d'aucune minute, si ce n'est dans les cas
prévus par la loi & en vertu d'un jugement.

Avant de s'en déssaisir, ils en dresseront & signeront une copie figurée qui,
après avoir été certifiée par le président
& le commissaire du tribunal civil de leur
résidence, sera substituée à la minute
dont elle tiendra lieu jusqu'à sa reinté-
gration.

23. Les notaires ne pourront également,
ment, sans l'ordonnance du président du
tribunal de première instance, délivrer
expédition ni donner connaissance des actes
à d'autres qu'aux personnes intéréssées

en nom direct, héritiers ou ayant droit, à peine des dommages-intérêts, d'une amende de cent francs, & d'être en cas de récidive, suspendus de leurs fonctions pendant trois mois, sauf néanmoins l'exécution des lois & réglemens sur le droit d'enrégistrement, & de celles relatives aux actes qui doivent être publiés dans les tribunaux.

24. En cas de compulsoire, le procès-verbal sera dressé par le notaire dépositaire de l'acte, à moins que le tribunal qui l'ordonne, ne commette un de ses membres, ou tout autre juge, ou un autre notaire.

25. Les grosses seules seront délivrées en forme exécutoire : elles seront intitulées & terminées dans les mêmes termes que les jugemens des tribunaux.

26. Il doit être fait mention, sur la minute, de la délivrance d'une première grosse, fait à chacune des parties intéressées : il ne peut lui en être délivré d'autre, à peine de destitution, sans une ordonnance du président du tribunal de première instance, laquelle demeurera jointe à la minute.

27. Chaque notaire sera tenu d'avoir un cachet ou sceau particulier, portant ses nom, qualité & résidence, &, d'après un modèle uniforme, le type de la république française.

Les grosses & expéditions des actes porteront l'empreinte de ce cachet.

28. Les actes notariés seront légalisés, savoir, ceux des notaires à la résidence des tribunaux d'appel, lorsqu'on s'en servira hors de leur ressort; & ceux des autres notaires, lorsqu'on s'en servira hors de leur département.

La légalisation sera faite par le président du tribunal de première instance de la résidence du notaire, ou du lieu où sera délivré l'acte ou l'expédition.

29. Les notaires tiendront répertoire de tous les actes qu'ils recevront.

30. Les répertoires seront visés, cotés & paraphés par le président, ou, à son defaut, par un autre juge du tribunal civil de la résidence: ils contiendront la date, la nature & l'espèce de l'acte, les noms des parties, & la relation de l'enregistrement.

TITRE II.

Régime du notariat,

Section Première.

Nombre, Placement & Cautionnement des Notaires.

31. Le nombre des notaires pour chaque département, leur placement & résidence, seront déterminées par le gouvernement, de manière, 1.° que dans les villes de cent mille habitans & au-dessus, il y ait un notaire, au plus, par six mille habitans; 2. que dans les autres villes, bourgs ou villages, il y ait deux notaires au moins ou cinq au plus par chaque arrondissement de justice de paix.

32. Les suppressions ou réductions de places ne seront effectuées que par mort, démission ou destitution.

33. Les notaires exercent sans patente; mais ils sont assujétis à un cautionnement fixé par le gouvernement, d'après les bases ci-après, & qui sera spécialement affecté à la garantie des condamnations prononcées contre eux par suite de l'exercice de leurs fonctions.

Lorsque, par l'effet de cette garantie, le montant du cautionnement aura été employé en tout ou en partie, le notaire sera suspendu de ses fonctions, jusqu'à ce que le cautionnement ait été entièrement rétabli ; &, faute par lui de rétablir, dans les six mois, l'intégralité du cautionnement, il sera considéré comme démissionaire, & remplacé.

34. Le cautionnement sera fixé par le gouvernement, en raison combinée des ressort & résidence de chaque notaire, d'après un *minimum* & un *maximum*, suivant le tableau ci-après ;

SAVOIR:

POUR LES NOTAIRES DES RESSORTS

ET RÉSIDENCES de	TRIBUNAUX D'APPEL. DROITS.		TRIBUNAUX DE 1.re INSTANCE DROITS		JUSTICES DE PAIX. DROITS.	
	Minimum.	Maximum.	Minimum.	Maximum.	Minimum.	Maximum.
Au-dessous de 5000 habitans..	«	«	1,000.	1,500.	500.	800.
De 5000 à 10000........	2,000.	2,500.	1,500.	1 800.	800,	1,000.
De 10,000 à 25000.......	2,500.	3,200.	1,800.	2,200.	1,000.	1,400.
De 25,000 à 50,000......	3,200.	3,800.	2,200.	2,800.	1,400.	2,000.
De 50,000 à 75,000......	3,800.	4,400.	2,800.	3,400.	«	«
De 75,000 à 100,000. ...	4,400.	5 000.	3,400.	4,000.	«	«
De 100,000 et au dessus...	«	6,000.	«	«	«	«
De Paris............	«	12,000.	«	«	«	«

Ces cautionnemens seront versés, remboursés, et les intérêts payés conformément aux lois sur les cautionnemens sous la déduction de tous versemens antérieurs.

Section II.

Conditions pour être admis, & Mode de nominations au Notariat.

35. Pour être admis aux fonctions de notaire, il faudra,

I. Jouir de l'exercice des droits de citoyen;

II. Avoir satisfait aux lois sur la conscription militaire;

III. Etre âgé de 25 ans accomplis;

IV. Justifier du temps de travail prescrit par les articles suivans.

36. Le temps de travail ou stage sera, sauf les exceptions ci-après, de six années entières & non interrompues, dont une des deux dernières, au moins, en qualité de premier clerc chez un notaire d'une classe égale à celle où se trouvera la place à remplir.

37. Le temps de travail pourra n'être que de quatre années, lorsqu'il en aura été employé trois dans l'étude d'un notaire d'une classe supérieure à la place qui devra être remplie, & lorsque, pendant la quatrième, l'aspirant aura travaillé, en qualité de premier clerc, chez un notaire d'une classe supérieure ou égale à celle où se trouvera la place pour laquelle il se présentera.

38. Le notaire déja reçu, & exerçant, depuis un an, dans une classe inférieure, sera dispensé de toute justification de stage, pour être admis à une place de notaire vacante dans une place immédiatement supérieure.

39. L'aspirant qui aura travaillé pendant quatre ans, sans interruption, chez un notaire de première ou de seconde classe, & qui aura été, pendant deux ans au moins, défenseur ou avoué près d'un tribunal civil, pourra être admis dans une des classes où il aura fait son stage, pourvu que, pendant l'une des deux dernières années de son stage, il ait travaillé, en qualité de premier clerc, chez un notaire d'une classe égale a celle où se trouvera la place à remplir.

40. Le temps de travail exigé par les articles précédens, devra être d'un tiers en sus, toutes les fois que l'aspirant, ayant travaillé chez un notaire d'une classe inférieure, se présentera pour remplir une place d'une classe immédiatement supérieure.

41. Pour être admis à exercer dans la troisième classe de notaires, il suffira que l'aspirant ait travaillé, pendant trois années, chez un notaire de première ou de seconde classe, ou qu'il ait exercé, comme défenseur ou avoué, pendant l'es-

pace de deux années auprès du tribunal d'appel ou de première instance , et qu'en outre il ait travaillé, pendant un an, chez un notaire.

42. Le Gouvernement pourra dispenser de la justification du temps d'étude, les individus qui auront exercé des fonctions administratives ou judiciaires.

43. L'aspirant demandera à la chambre de discipline du ressort dans lequel il devra exercer, un certificat de moralité & de capacité. Le certificat ne pourra être délivré qu'après que la chambre aura fait parvenir au commissaire du Gouvernement du tribunal de première instance, l'expédition de la délibération qui l'aura accordé.

44. En cas de refus, la chambre donnera un avis motivé, & le communiquera au commissaire du Gouvernement, qui l'adressera au grand juge, avec ses observations.

45. Les notaires seront nommés par le premier Consul, & obtiendront de lui une commission qui énoncera le lieu fixe de la résidence.

46. Les commissions de notaire seront, dans leur intitulé, adressées au tribunal de première instance dans le ressort duquel le pourvu aura sa résidence.

47. Dans les deux mois de sa nomina-

tion, & à peine de déchéance, le pourvu sera tenu de prêter, à l'audience du tribunal auquel la commission aura été adressée, le serment que la loi exige de tout fonctionnaire public, ainsi que celui de remplir ses fonctions avec exactitude et probité.

Il ne sera admis à prêtér serment qu'en représentant l'original da sa commission & la quittance du versement de son cautionnement.

Il sera tenu de faire enrégistrer le procès-verbal de prestation de serment au secrétariat de la municipalité du lieu où il devra résider, & au greffe de tous les tribunaux dans le ressort desquels il doit exercer.

48. Il n'aura le droit d'exercer qu'à compter du jour où il aura prêté son serment.

49. Avant d'entrer en fonctions, les notaires devront déposer au greffe de chaque tribunal de première instance de leur département, & au secrétariat de la municipalité de leur residence, leur signature & paraphe.

Les notaires à la résidence des tribunaux d'appel, feront en outre ce dépôt au greffe des autres tribunaux de première instance de leur ressort.

S E C T I O N III.

Chambres de discipline.

50. Les chambres qui seront établies pour la discipline intérieure des notaires seront organisées par des réglemens.

51. Les honoraires & vacations des notaires seront réglés, à l'amiable, entre eux & les parties ; si non, par le tribunal civil de la résidence du notaire, sur l'avis de la chambre, & sur simples mémoires, sans frais.

52. Tout notaire suspendu, destitué ou remplacé, devra, aussitôt après la notification qui lui aura été faite de sa suspension, de sa destitution, ou de son remplacement, cesser l'exercice de son état, à peine de tous dommages & intérêts & des autres condamnations prononcées par les lois contre tout fonctionnaire suspendu ou destitué qui continue l'exercice de ses fonctions.

Le notaire suspendu ne pourra les reprendre, sous les mêmes peines, qu'après la cessation du temps de la suspension.

53. Toutes suspensions, destitutions, condamnations d'amende & dommages-intérêts, seront prononcées contre les notaires par le tribunal civil de leur résidence, à la poursuite des parties intéressées,

ou d'office à la poursuite & diligence du commissaire du Gouvernement.

Ces jugemens seront sujets à l'appel, & exécutoires par provision, excepté quant aux condamnations pécuniaires.

Section IV.

Garde, Transmission, Tables des minutes, & Recouvremens.

54. Les minutes & répertoires d'un notaire remplacé, ou dont la place aura été supprimée, pourront être remis par lui ou par ses héritiers à l'un des notaires résidant dans la même commune, ou à l'un des notaires résidant dans le même canton, si le remplacé était le seul notaire établi dans la commune.

55. Si la remise des minutes & répertoires du notaire remplacé n'a pas été effectuée, conformément à l'article précédent, dans le mois à compter du jour de la prestation de serment du successeur, la remise en sera faite à celui-ci.

46. Lorsque la place de notaire sera supprimée, le titulaire ou ses héritiers seront tenus de remettre les minutes & répertoires dans le délai de deux mois du jour de la suppression, à l'un des notaires de la commune, ou à l'un des notaires du canton, conformement à l'article LIV.

57. Le commissaire du Gouvernement près le tribunal de première instance est chargé de veiller à ce que les remises ordonnées par les articles précédens soient effectuées ; & dans le cas de suppression de la place, si le titulaire ou ses héritiers n'ont pas fait choix, dans les délais prescrits, du notaire à qui les minutes & répertoires devront être remis, le commissaire indiquera celui qui en demeurera dépositaire.

Le titulaire ou ses héretiers, en retard de satisfaire aux dispositions des articles LV. & LVI, seront condamnés à cent francs d'amende par chaque mois de retard, à compter du jour de la sommation qui leur aura été faite d'effectuer la remise.

58. Dans tous les cas, il sera dressé un état sommaire des minutes remises ; & le notaire qui les recevra, s'en chargera au pied de cet état, dont un double sera remis à la chambre de discipline.

59. Le titulaire ou ses héritiers, & le notaire qui recevra les minutes, aux termes des articles LIV. LV. & LVI, traiteront, de gré à gré, des recouvremens, à raison des actes dont les honoraires sont encore dûs, & du bénefice des expéditions.

S'ils ne peuvent s'accorder, l'appréciation en sera faite par deux notaires

44

dont les parties conviendront, ou qui seront nommés d'office parmi les notaires de la même résidence, ou, à leur défaut, parmi ceux de la résidence la plus voisine.

60. Tous dépôts de minutes, sous la dénomination de *Chambre de contrats*, *bureaux de tabellionage*, & autres, sont maintenus à la garde de leurs possesseurs actuels. Les grosses & expéditions ne pourront en être délivrées que par un notaire de la résidence des dépôts, ou, à defaut, par un notaire de la résidence la plus voisine.

Néanmoins, si les dits dépôts de minutes ont été remis au greffe d'un tribunal, les grosses & expéditions pourront, dans ce cas seulement, être délivrées par le greffier.

61. Immédiatement après le décès du notaire ou autres possesseurs de minutes, les minutes & repertoires seront mis sous les scellés par le juge de paix de la résidence, jusqu'à ce qu'un autre notaire en ait été provisoirement chargé par ordonnance du président du tribunal de la résidence.

TITRE III.

Des Notaires actuels.

62. Sont maintenus définitivement tous les notaires qui, au jour de la promulgation de la présente loi, seront en exercice.

63. Sont également maintenus définitivement les notaires qui, au jour de la promulgation de la présente loi, n'ayant point été remplacés, n'auraient interrompu l'exercice de leurs fonctions ou n'auraient été empêchés d'y entrer que pour cause soit d'incompatibilité, soit de service militaire.

64. Tous les dits notaires exerceront ou continueront d'exercer leurs fonctions, & conserveront rang entre eux, suivant la date de leurs réceptions respectives.

Mais ils seront tenus, dans les trois mois du jour de la publication de la présente loi :

I. De remettre au greffe du tribunal de première instance de leur résidence, & sur un récépissé du greffier, tous les titres & pièces concernant leurs précédentes nomination & réception ;

II. De se pourvoir, avec ce récépissé, auprès du gouvernement, à l'effet d'obtenir du premier consul une commission confirmative, dans laquelle seront rappelés la date de leurs nomination & réception primitives, ainsi que le lieu fixe de leur résidence.

65. Dans les deux mois qui suivront la délivrance de cette commission, chacun des dits notaires sera tenu de prêter le serment prescrit par l'article 57.; & de se conformer aux dispositions de l'article 59. pour le dépôt des signatures & paraphe.

Le présent article & le précédent seront exécutés, à peine de déchéance.

66. Les notaires qui réunissent des fonctions incompatibles, seront tenus, dans les trois mois du jour de la publication de la présente loi, de faire leur option, & d'en déposer l'acte au greffe du tribunal de première instance de leur résidence, sinon, ils seront considérés comme ayant donné leur démission de l'état de notaire, & remplacés; &, dans le cas où ils continueraient à l'exercer, ils encourront les peines prononcées par l'article 52.

67. A compter du jour de leur option, ils auront un délai de trois mois pour obtenir la commission du premier consul, & pour remplir les formalités prescrites aux articles 57. & 59.; le tout sous les mêmes peines.

Dispositions Générales.

68. Tout acte en contravention aux dispositions contenues aux articles 6, 8, 9, 10, 14, 20, 52, 64, 65, 66 & 67 est nul, s'il n'est pas revêtu de la signature de toutes les parties; & lorsque l'acte sera revêtu de la signature de toutes les parties contractantes, il ne vaudra que comme écrit sous signature privée : sauf, dans les deux cas, s'il y a lieu, les dommages-intérêts contre le notaire contrevenant.

69. La loi du 6. octobre 1791., & toutes autres, sont abrogées en ce qu'elles ont de contraire à la présente.

Collationné à l'original, par nous président & secrétaires du corps législatif.

A Paris, le 25. Ventose an XI. de la république française.

Signé MÉRIC *président*; LEJEAS, RICOUR, SAURET (Etienne), *secrétair*.

Soit la présente loi revêtue de sceau de l'état, insérée au Bulletin des lois, inscrite dans les registres des autorités judiciaires & administratives, & le grand-juge, ministre de la justice, chargé d'en sur-

48

veiller la publication. A Paris, le 5. Germinal an. XI. de la république.

Signé BONAPARTE, *premier Consul.*
Contre-signé , *le secrétaire d' État ,*
Hugues-B. Maret. Et scellé du sceau
de l'Etat.

Vû , *le grand-juge, ministre de la
justice ,* signé Regnier.

Pour copie conforme

L'Archi-Trésorier de l'Empire

Signé LE-BRUN

*Par son Altesse Sérénissime
Le Sécrétaire de ses Commandemens,*
Signé Benoit.

ARRÉTÉ *qui détermine la formule des Grosses d'Actes passés devant notaire,*

Du 15 Prairial an XI de la République française.

LE GOUVERNEMENT de la République, sur le rapport du grand-juge, ministre de la justice ;

Vû l'article 25. de la loi du 25 Ventose an XI., sur l'organisation du notariat, ainsi conçu :

„ Les grosses seules seront délivrées en forme exécutoire ; elles seront intitulées & terminées dans les mêmes termes que les jugemens des tribunanx ; „

Le Conseil d'état entendu,

ARRÉTE :

Art. 1. Les grosses en forme exécutoire des actes passés devant notaire, seront intitulées ainsi qu'il suit :

(*) *AU NOM DU PEUPLE FRANÇAIS*

BONAPARTE, premier Consul de la République ; à tous ceux qui ces présentes verront, SALUT : faisons savoir que par devant (*tel*) notaire à . . . . furent présens etc.

(*) *Substituez* — NAPOLÉON, PAR LA GRACE DE DIEU ET PAR LES CONSTITUTIONS DE LA RÉPUBLIQUE EMPEREUR DES FRANÇAIS.

50

2. Les mêmes grosses seront terminées ainsi qu'il suit :

MANDONS ET ORDONNONS à tous huissiers sur ce requis, de mettre ces présentes à exécution ; à tous commandans & officiers de la force publique, d'y prêter main-forte, lorsqu'ils en seront légalement requis ; & aux commissaires près les tribunaux, d'y tenir la main. En foi de quoi nous avons fait sceller ces présentes, qui furent faites & passée à .... le .... & ont les dits (*les parties*) signé à la minute, demeurée à . . . .

3. Le grand-juge, ministre de la justice, est chargé de l'exécution du présent arrêté, qui sera inséré au Bulletin des lois.

Le premier Consul
signé BONAPARTE.

Par le premier Consul :
Le Sécrétaire d'État.
signé HUGUES-B. MARET.

Le grand-juge, Ministre de la justice
signé REGNIER.
Pour copie conforme
L'ARCHI-TRESORIER DE L'EMPIRE
signé LE-BRUN.

Par son Altesse Sérénissime
Le Sécrétaire de ses Commandemens
signé BENOIT.

ARRÊTÉ

Portant établissement auprès de chaque tribunal civil de première instance et dans son chef-lieu, d'une chambre des notaires de son ressort, pour leur discipline intérieure.

Paris, le 2 Nivose an XII. de la république française.

Le Gouvernement de la république, sur le rapport du grand-juge, ministre de la justice; le conseil d'État entendu,
Arrète ce qui suit:

Chambre des notaires et ses attributions.

Art. 1. Il sera établi auprès de chaque tribunal civil de première instance, et dans son chef-lieu, une chambre des notaires de son ressort, pour leur discipline intérieure.

2 Les attributions de la chambre seront:

I. De maintenir la discipline intérieure entre les notaires, et de prononcer l'application de toutes les mesures et autres dispositions de discipline;

II. De prévenir ou concilier tous différends entre les notaires et notamment ceux sur des communications, remises, dépôts et rétentions de pièces, fonds et autres objets quelconques; sur des questions, soit de réception et garde des minutes, soit de préférence ou concurrence dans les inventaires, partages, ventes et adjudications et autres actes; et en cas de non-conciliation, d'émettre son opinion par simple avis;

III. De prévenir ou concilier également toutes plaintes et réclamations de la part de tiers contre des notaires, à raison de leurs fonctions, donner simplement son avis sur les dommages-intérêts qui en résulteraient et réprimer par voie de censure et autres dispositions de discipline, toutes infractions qui en seraient l'objet, sans préjudice de l'action devant les tribunaux, s'il y a lieu;

IV. Donner comme tiers son avis sur les difficultés concernant le réglement des honoraires et vacations des notaires, ainsi que sur tous différends soumis à cet égard au tribunal civil;

V. De délivrer, ou refuser, s'il y a lieu, tous certificats de bonnes mœurs et capacité à elle demandés par les aspirans qui se présenteront pour être admis aux fonctions de notaires, prendre à ce sujet toutes délibérations, ou donner tous avis motivés, les adresser ou communiquer à qui de droit;

VI. De recevoir en dépôt les états de minutes dépendantes des places de notaires supprimés ;

VII. Et enfin, de représenter tous les notaires de l'arrondissement collectivement, sous les rapports de leurs droit et intérêts communs.

Organisation de la chambre.

3 Chaque chambre des notaires sera composée de membres désignés par eux parmi les notaires de l'arrondissement.

Leur nombre est fixé à dix-neuf pour la chambre des notaires de Paris, à neuf lorsque celui des notaires du ressort de la chambre sera au-dessus de cinquante, et à sept lorsq'il sera au-dessous.

4 Les membres de la chambre ne pourront délibérer valablement qu'autant que ceux présens et votans seront au moins au nombre de douze pour Paris, de sept pour les chambres composées de neuf membres, et de cinq pour les autres chambres.

5 Les membres de la chambre choisiront entre eux :

I. Un président qui aura voix prépondérante en cas de partage d'opinions. Il convoquera la chambre extraordinairement quand il le jugera à propos, ou sur la réquisition motivée de deux autres membres ; il aura la police d'ordre dans la chambre.

II. Un syndic qui sera partie poursuivante contre les notaires inculpés. Il sera entendu préalablement à toutes délibérations de la chambre, qui sera tenue de délibérer sur tous ses réquisitoires ; il aura, comme le président, le droit de la convoquer, il poursuivra l'exécution de ses délibérations, dans la forme ci-après déterminée et agira pour la chambre, dans tous les cas et conformément à ce qu'elle aura délibéré ;

III. Un rapporteur qui recueillera les renseignemens sur les affaires contre les notaires inculpés et en fera rapport à la chambre ;

IV. Un secrétaire qui rédigera les délibérations de la chambre, qui sera le gardien des archives et délivrera toutes les expéditions ;

V. Un trésorier qui tiendra la bourse commune ci-après établie, fera les recettes et dépenses autorisées par la chamber : il en rendra compte à la fin de chaque trimestre à la chambre assemblée, qui les arrêtera, ainsi que de droit, et lui en donnera sa décharge.

6 Le nombre des membres qui doivent composer les chambres de notaires, d'a-

près l'article 3, celui qui, d'après l'article 4, est nécessaire à la validité des délibérations de la chambre, pourront être, suivant les localités, réduits ou augmentés par le Gouvernement.

Le nombre des syndics pourra être porté à trois pour Paris, et à deux pour les chambres dont le ressort comprendra plus de cinquante notaires.

7 Indépendamment des attributions particulières données aux membres désignés dans l'article 5, chacun d'eux aura voix délibérative, ainsi que les autres membres, dans toutes les assemblées de la chambre, et néanmoins lors qu'il s'agira d'affaires où le syndic sera partie contre un notaire inculpé, le syndic n'aura pas voix consultative, et ne sera point compté parmi les votans, à moins que son opinion ne soit à décharge.

8 Les fonctions spéciales attribuées par l'article 5, à chacun des membres dont il ordonne la création, pourront être cumulées lorsque le nombre des membres composans la chambre sera au-dessous de sept, et néanmoins les fonctions de président, de syndic et de rapporteur seront toujours exercées par trois personnes différentes.

Quel que soit le nombre des membres composant la chambre, la même cumulation de fonctions, pourra avoir lieu momentanément, en cas d'absence ou empêchement de quelqu'un des membres désignés dans l'article 5, lesquels pour ce cas, se suppléront entre eux, ou pourront même être suppléés par tel autre membre de la chambre.

Les suppléans momentanés seront nommés par le président de la chambre, ou s'il est absent, par la majorité des membres présens en nombre suffisant pour délibérer.

Pouvoir de la chambre dans les moyens de discipline.

9 La chambre prononcera par voie de décision, pour les cas de police et discipline intérieure.

10 La chambre mandera les notaires à ses séances, prononcera contre eux par forme de discipline, et suivant la gravité des cas, soit le rappel à l'ordre, soit la censure simple par la décision même, soit la censure avec réprimande par le président, aux notaires en personne, dans la chambre assemblée, soit la privation de voix délibérative dans l'assemblée générale, soit l'interdiction de l'entrée de la chambre pendant un espace de temps qui ne pourra excéder trois ans, pour la première fois et qui pourra s'étendre à six en cas de récidive.

11 Si l'inculpation portée à la chambre contre un notaire paraît assez grave pour mériter la suspension du notaire inculpé, la chambre s'adjoindra par la voie du sort, d'autres notaires de son ressort : savoir celle de Paris, dix notaires et les autres chambres, un nombre égal, plus un, à celui de leurs membres.

La chambre, ainsi composée, émettra, par forme de simple avis et à la majorité absolue de voix, son opinion sur la suspension et sa durée.

Les voix seront recueillies en ce cas, au scrutin secret par *oui* ou par *non*; mais l'avis ne pourra être formé, si les deux tiers au moins de tous les membres appelés à l'assemblée n'y sont présens.

12 Quand l'avis émis par la majorité des membres de la chambre sera pour la suspension, il sera déposé au greffe du tribunal; expédition en sera remise au commissaire du Gouvernement, qui en fera l'usage prescrit par la loi.

Mode de procéder en la chambre.

13 Le syndic déférera, à la chambre, les faits relatifs à la discipline et il sera tenu de les lui dénoncer, soit d'office, quand il en aura eu connaissance, soit sur la provocation des parties intéressées,

soit sur celle d'un des membres de la chambre.

Les notaires inculpés seront cités à la chambre, avec délai suffisant qui ne pourra être au-dessus de cinq jours, à la diligence du syndic, par une simple lettre indicative de l'objet, signée de lui et envoyée par le sécretaire qui en tiendra note.

Si le notaire ne comparaît point sur la lettre du syndic, il sera cité une seconde fois, dans le même délai, à la même diligence, par ministère d'huissier.

14 Quant aux différends entre notaires et aux difficultés sur lesquelles la chambre est chargée d'émettre son avis, les notaires pourront représenter contradictoirement, et sans citation préalable, aux séances de la chambre ; ils pourront également y être cités, soit par simples lettres indicatives des objets, signées des notaires provoquans, renvoyées par le sécretaire auquel ils en laisseront des doubles, soit par des citations ordinaires, dont ils déposeront les originaux au secrétariat. Ces citations officielles, ou par lettres, seront données avec les mêmes délais que celles du syndic, après avoir été préalablement soumises au *visa* du président de la chambre.

15 La chambre prendra ses délibéra=

tions, dans les affaires particulières, après avoir entendu ou duement appelé dans la forme ci-dessus prescrite, les notaires inculpés ou intéressés, ensemble les tierces parties qui voudront être entendues, et qui, dans tous les cas, pourront se faire représenter ou assister par un notaire.

Les délibérations de la chambre seront motivées et signées sur la minute, par le président et le secrétaire, à la séance même où elles seront prises.

Chaque délibération contiendra les noms des membres présens.

Ces délibérations n'étant que de simples actes d'administration, d'ordre ou de discipline intérieure, ou de simples avis, ne seront, dans aucun cas, sujettes au droit d'enrégistrement, non plus que les pièces y relatives.

Les délibérations de la chambre seront notifiées, quand il y aura lieu, dans la même forme que les citations, et il en sera fait mention par le secrétaire, en marge des dites délibérations.

16 Les assemblées de la chambre se tiendront en un local à ce destiné dans la ville où elle sera établie.

Chaque année il y aura de droit deux assemblées générales, et il pourra y en avoir d'autres extraordinaires toutes les fois que les circonstances l'exigeront, et que la chambre le jugera convenable.

Les assemblées générales ou extraordinaires seront convoquées conformément aux dispositions rappelées en l'article 5. Tous les notaires du ressort de la chambre sont invités à s'y rendre, soit pour les nominations dont parle l'article 18 ci-après, soit pour se concerter sur ce qui intéressera l'exercice de leurs fonctions.

17 Il ne pourra être pris de délibération en assemblée générale, qu'autant que le nombre des notaires présens sera au moins du tiers de tous ceux du ressort de la chambre, non compris dans ce tiers les membres de la chambre.

Nomination des membres de la chambre, et durée de leurs fonctions.

18 Les membres de la chambre seront nommés par l'assemblée générale des notaires de son ressort, convoqués à cet effet.

La moitié desdits membres sera choisie dans les plus anciens en exercice, formant le tiers de tous les notaires du ressort.

La nomination aura lieu à la majorité absolue des voix, au scrutin secret, et par bulletin de liste contenant un nombre de noms qui ne pourra excéder celui des membres à nommer.

19 Les membres de la chambre seront renouvelés chaque année, et par tiers, pour les nombres qui comportent chaque division, et par portion approchant le plus du tiers, pour les autres nombres, en faisant alterner, chaque année, les portions inférieures et supérieures au tiers, mais en commençant par les inférieures, et de manière que, dans tous les cas, aucun membre ne puisse rester en fonctions plus de trois ans consécutifs.

Les deux premiers renouvellemens seront indiqués par le sort, les autres par l'ancienneté de nomination.

20 Les membres désignés pour composer la chambre nommeront entr'eux, en suivant le mode de l'article 18, les présidens et autres officiers dont parle l'article 5. Le président sera toujours pris parmi les plus anciens désignés dans l'article 18.

Cette nomination particulière se renouvellera chaque année, les mêmes pourront être réélus; à égalité de voix, le plus ancien d'âge obtiendra la préférence.

21 La nomination des membres de la chambre se fera, de droit, le 15 brumaire de chaque année.

Ils entreront en fonctions le premier frimaire suivant, et le même jour nommeront les présidens et autres officiers, qui, de suite, entreront aussi en fonctions.

La première nomination aura lieu au plus tard le 15 pluviose prochain, et les membres entreront en fonctions dans la huitaine qui suivra leur nomination.

Fonds pour les dépenses de la chambre.

22 Il y aura une bourse commune pour les dépenses de la chambre;

Elle sera établie de manière qu'elle n'excéde pas les dépenses nécessaires.

Elle sera consentie par l'assemblée générale, répartie sur les divers membres de l'arrondissement, et le rôle rendu exécutoire par le président du tribunal d'appel du ressort, sur le rapport et d'après l'avis du commissaire établi par le même tribunal.

L'arrêté qui aura ainsi établi la bourse commune, sera dressé au grand-juge, qui prononcera sur les réclamations.

23 Il sera pourvu, lors du réglement général à faire pour l'exécution de la loi du 25 ventose an XI, sur le notariat, à toutes autres dispositions qui pourraient concerner les chambres de discipline.

24 Le grand-juge, ministre de la justice, est chargé de l'exécution du présent arrêté, qui sera inséré au bulletin des lois.

Le premier Consul
Signé BONAPARTE.

Par le premier Consul :
Le Sécrétaire d'État
signé Hugues-B. Maret.

Le grand-juge, Ministre de la justice
signé Regnier.

Pour copie conforme

L'Archi-Trésorier de l'Empire
Signé LE-BRUN

Par son Altesse Sérénissime
Le Sécrétaire de ses commandemens,
Signé Benoit.

N. 16.

L'ARCHI-TRÉSORIER

DE L'EMPIRE

En vertu des pouvoirs qui lui ont été conférés par S. M. l'EMPEREUR et ROI,

Considérant qu'il importe de maintenir les manufactures nationales et de ne pas laisser passer à l'étranger des matières premières dont l'emploi fournit du travail et la subsistance aux citoyens.

Vû le décret du 3 avril 1793 et autres loix

DÉCRÈTE:

Art. 1 L'exportation à l'étranger des drilles et chiffons par voie de mer et de terre est prohibée dans les trois départemens de Gênes, Montenotte et des Apennins.

2 Le directeur des Douanes est chargé de l'exécution du présent décrèt.

Fait en notre Palais à Gênes le 11 Thermidor an 13 (30. Juillet 1805.)

LE-BRUN.

PAR SON ALTESSE SÉRÉNISSIME
Le Secrétaire de ses Commandemens,

BENOIT.

L'ARCHI-TRÉSORIER
DE L'EMPIRE.

Vû le procès-verbal recemment dressé à Rivarolo par lequel il est constaté que par la rivalité de deux Confréries établies dans la même Commune le respect dû aux morts a été blessé, et la religion scandalisée:

Vû plusieurs lettres des Provéditeurs, et Sous-Préfets des trois départemens qui attestent que la multiplicité desConfréries dans des Communes rurales y produit des cabales, et des divisions perpetuelles:

En vertu des pouvoirs qui lui ont été conférés par S. M. l'EMPEREUR et ROI,

DÉCRÈTE:

Art. 1 A compter de la publication du présent Décret, il ne pourra y avoir dans une Commune rurale plus d'une seule Confrérie.

2. S'il y en existe plusieurs, elles seront tenües de se reunir.

La Confrérie reunie gardera un des oratoires qui appartenoient aux deux Confréries, et le plus décent.

3. L'autre Oratoire appartiendra à la Commune, les meubles et ornemens qui s'y trouvent seront affectés, ou à l'église paroissiale, ou aux écoles des peuvres sui-

2

vant qu'il en sera décidé par les Préfets.

4. L'office divin ne pourra être célébré dans l'oratoire conservé les jours des fêtes solemnelles, et il ne pourra y être dit qu'une Messe basse sans l'exposition du Saint Sacrement les jours de fêtes ordinaires.

5. Les Confréries qui sont vouées aux inhumations ne pourront se présenter pour transporter les morts, que sur l'invitation des parents, s'il en a, ou sur l'invitation des maires, ou officier public, quand il n'y en aura pas.

6. Le Préfet de Gênes, et les Sous-Préfets de Savone, de Chiavari, Port-maurice, de Sarzane, et Bardi sont chargés de l'exécution du présent décret.

Fait en notre palais à Gênes le 24. Thermidor an 13. (12. Août 1805.)

LE-BRUN.

Par son Altesse Sérénissime
Le Sécrétaire de ses Commandemens

BENOIT.

N. 30.

L' ARCHI-TRÉSORIER
DE L'EMPIRE.

Considerant qu'il est urgent de faire jouir le commerce de Gênes, de Monte-

notte, des Apennins et de l'arrondissement de S.t Remo de tous les droits &
priviléges attachés au pavillon de l'Empire.

En vertu des pouvoirs qui lui ont
été conferés par S. M. L'EMPEREUR
et ROI,

DÉCRÉTE:

Art. 1. Il sera procedé sans délai à la
francisation de tous les navirs appartenants
au commerce de Gênes, Montenotte, des
Apennins, et de l'arrondissement de
Saint Remo.

2. Les actes de propriété des dits navires seront traduits en français.

A cet effet le tribunal de commerce
de Gênes présentera à S. A. S. l'Archi-
Trésorier une liste double d'intérpretes
pour chaque port des dits départements,
& du dit arrondissement. Sur cette liste
Son Altesse Sérénissime en choisira un,
le quel après avoir prété serment sera
chargé exclusivement desdites traductions.

3. Les propriétaires des dits bâtimens
ne pourront obtenir aux douanes leur acte
de francisation qu'après avoir affirmé leur
propriété devant un juge de paix, & avoir
rapporté acte de la dite affirmation.

4. Sont nommés pour recevoir ces affir-
mations.

A' Gênes
M.r Vassallo juge de paix.

4

Dans les autres ports

Le juge de paix le plus prochain.

5. Le tribunal de commerce presentera pour chacun des ports a S. A. S. une liste double de mesureurs, jeaugeurs pour mesurer la contenance des navires, & éclairer les capitaines français & étrangers sur les déclarations qu'ils auront à faire aux douanes du tonnage de leurs bâtimens.

Sur cette liste S. A. S. en choisira un pour chaque, lequel sera exclusivement chargé des opérations du jeaujeage.

6. Les salaires des intérpretes, & jeaugeurs seront reglés par un décret posterieur.

7. Tous les navires qui seront expediés des ports des trois départemens, & de ceux de l'arrondissement de S.t Remo auront un rôle d'equipage, légalement formé, & vérifié par les commissaires de la marine de l'empire a fin de constater la qualité de français de tous les matelóts qui les monteront.

8. M.r le préfet maritime, MM. les préfets, & sous-préfets des trois départemens sont chargés de l'exécution du présent décret.

Fait en notre palais à Gênes le 24. thermidor au 13. (12. Août 1805.)

LE-BRUN.

PAR SON ALTESSE SÉRÉNISSIME
Le Secrétaire de ses commandemens,

BENOIT.

N. 31.

L'ARCHI-TRÉSORIER

DE L'EMPIRE

En vertu des pouvoirs qui lui ont été conférés par S. MAJESTÉ l'EMPEREUR et ROI

DÉCRÈTE:

Art. 1. Seront publiés, affichés, et insérés au bulletin des actes du Gouvernement

I. Un extrait de la loi du 9 vendémiaire an 6, portant établissement de la Loterie nationale de France.

II. Un extrait de l'arrêté du Directoire Exécutif du 17 vendémiaire an 6, portant organisation de la Loterie nationale.

III. L'arrêté du Directoire Exécutif du 17 brumaire an 6, concernant le taux des mises à la Loterie nationale.

IV. La loi du 3 frimaire an 6, relative à la prohibition des agences établies pour faire des ventes par forme de Loteries.

V. La loi du 9 germinal an 6, relative aux Loteries particulières.

VI. L'arrêté des Consuls de la République relatif aux inspecteurs de la Loterie.

2. La Loterie Impériale est établie dans la 28.me Division pour être régie et administrée sur les mêmes bases et combinaisons que la Loterie Impériale de France.

3. Les Receveurs actuels du *Lotto del Seminario* qui seront maintenus en qualité de receveurs de la Loterie Impériale de France, ainsi que ceux qui pouraient être nommés dans la suite, seront tenus pour la garantie et la sureté de leur gestion à fournir un cautionnement en numéraire basé sur leur recettes connues, ou présumées, mais qui ne pourra être moindre que de *mille francs.*

4. En exécution de l'arrêté des Consuls du 4 vendémiaire an 9 , qui ordonne qu'il sera fait trois tirages par mois de la Loterie nationale ; ces tirages se feront pour Gênes les 1. , 11. , et 21 a onze heures du matin dans une salle , qui sera designée à cet effet par le Préfet du Département .

Le premier tirage , suivant le môde français, aura lieu le 11 vendémiaire prochain .

Les dits tirages se feront en présence et sous les ordres du Préfet et en présence aussi du procureur général impérial près la cour de justice criminelle , et du commissaire général de police.

Les Administrateurs généraux de la Leterie impériale de France y seront provisoirement representés par le Commissaire organisateur , faisant fonctions d'inspecteur en chef .

5. La présence des fonctionnaires publics désignés en l'article ci-dessus , aux tirages de la Loterie impériale, sera gratuite à Gênes comme elle l'est en France .

7

6. Les receveurs de Gênes et des Départemens compteront de leurs recette aux époques et suivant le môde qui leur sera prescrit par l'administration.

7. Monsieur Franqueville commissaire de l'administration générale à Gênes faisant fonctions d'inspecteur en chef, et spécialement chargé par l'administration de la Loterie Impériale de l'organisation de la Loterie dans la 28.me Division, doit être reconnu en cette qualité et est autorisé à prendre toutes les mesures d'éxécution et à donner les instructions et les ordres ncéssaires tant aux receveurs, qu'aux autres employés.

8. Le Préfet de Gênes, le procureur général impérial près la cour de justice criminelle, le commissaire général de police et le commissaire organisateur Franqueville sont chargés chacun, en ce qui les concerne, de l'exécution du present décret, qui sera inséré dans le bulletin des actes du Gouvernement, imprimé en placard dans les deux langues, et affiché dans toutes les Villes de la 28.me Division.

Fait en notre Palais à Gênes le 30 Thermidor de l'an 13.

LE-BRUN.

PAR SON ALTESSE SÉRÉNISSIME
Le Sécrétaire de ses Commandemens,
BENOIT.

N. 32.

L'ARCHI-TRÉSORIÉR

DE L'EMPIRE

En vertu des pouvoirs qui lui ont été conféré par S. MAJESTÉ l'EMPEREUR et ROI,

DÉCRÈTE

Art. 1. Nul ne pourra porter fusil, pistolets, & autres armes à feu s'il n'en a obtenu la permission.

Pour l'obtenir il se retirera devers le Maire de sa Commune à l'effet d'en obtenir un certificat qui atteste qu'on peut lui confier ces armes en toute sûreté. Il présentera ce certificat au Provéditeur ou sous-Préfet de son arrondissement, le quel après informations prises accordera s'il y a lieu le port d'armes, qui neanmoins ne sera valable qu'après avoir été visé par le Préfet.

Tout homme porteur d'un stilet, quand même il le serait d'un passeport et d'une permission de porter d'autres armes, sera arrêté et conduit en prison comme suspect.

2. Le Général commandant de la 28.me Division, le Préfet de Gênes & sous-Préfets de Savone, Portmaurice, Chiavari, Sarzana & Bardi et toutes les autorités civiles et militaires, sont chargés de l'exécution du présent décrèt.

Fait en notre Palais à Gênes le 1. Fructidor an 13 (19 Août 1805]   LE-BRUN

Par son Altesse Sérénissime
Le Secrétaire de ses Commandemens,   BENOIT.

N. 33.

Administration de l'enrégistrement & des Domaines.

*Suite de la publication des Loix à exécu-
ter à compter du 1. Vendem. prochain.*
(23 Settembre 1805)

L'ARCHI-TRÉSORIER
DE L'EMPIRE

En vertu des Pouvoirs qui lui ont été conférés par S. M. l'EMPEREUR et Roi,

Sur la proposition de l'Inspecteur général de l'enrégistrement & des domaines, Commissaire extraordinaire pour l'organisation des contributions indirectes,

Décrète ce qui suit :

Art. 1. Toutes les propriétés mobiliaires & immobiliaires, forêts mines & usines, manufactures, pêches, canaux provenants du domaine du ci devant état de Gênes & existants dans les nouveaux départemens au delà des Alpes & dans les Communes du ci devant état de Gênes, situées sur la rive droite de la Taggia & rénnies au département des Alpes maritimes, & tous autres biens meubles & immeubles qui pourraient être mis par la suite sous la main de la nation, pour quelque cause que ce soit, ainsi que ceux qui seront vacans où sans maitres, seront, à compter du 1. Vendémiaire prochain (23 Septembre 1805) régis & administrés conformément aux lois françaises.

2. A' compter du dit jour les directeurs de l'enrégistrement & des domaines des susdits départemens, chacun en ce qui concerne sa direction, seront chargés de la régie, suite & surveillance sur le recouvrement des fruits, produits & revenus & prix des ventes des dits domaines nationaux, corporels & incorporels, rentes & autres propriétés nationales, de la poursuite de tous les droits, actions & créances qui en dépendent, du recouvrement des amendes & de toutes les peines pécuniaires prononcées par jugemens.

3. Le Préfet du département de Gênes nommera un Commissaire qui se transportera ledit jour 1. vendémiaire an 14 (23 Septembre 1805) dans les bureaux de l'ex-président des finances & se fera remettre les baux registres, états & papiers de recette, & renseignemens étant dans lesdits bureaux & concernant le domaine, lesquels seront transmis à chacun des Directeurs de l'enrégistrement & des domaines dans les départemens du ci devant état de Gênes, pour ce qui concerne sa direction.

Le même Commissaire fera dans les dits bureaux le triage des chartes, titres & pièces concernant la propriété des domaines appartenans au ci devant état de Génes, ainsi que les propriétés publiques & celles des particuliers, ou qui seraient ètrangeres aux domaines, & les dittes chartes, titres & pièces seront déposés aux archives de chaque préfecture, aussi en ce qui les concerne.

Il sera dressé un inventaire des papiers remis aux Directeurs des domaines, ainsi que de ceux qui seront déposés aux archives des préfectures.

Les opérations prescrites par le présent article seront faites en la présence de l'ex-président des finances & d'un inspecteur de l'enrégistrement & des domaines du département de Gènes, lesquels signeront les inventaires& procés-verbaux.

4. Tous dépositaires de titres & papiers concernant lesdits domaines nationaux seront tenus avant le 3o Vendémiaire an 14 (22 Octobre 1805) de les remettre aux archives de la préfecture de leur département, sous les peines de droit, & même, pourront y être contraints par corps.

5. Tous les fermiers de domaines appartenant au ci devant état de Gênes, dont le prix du bail sera en denrées, &

tous redevables de rentes & autres prestations en denrées, seront tenus de payer en argent, d'après une evaluation de denrées prise à la mairie du chef lieu du Canton de la situation des biens, sur le prix commun des marchés des 4 quinzaines antérieures à l'echéance.

6. Les Directeurs & préposés des domaines tiendront la main à ce que les fermiers & locataires des susdits biens, fassent toutes les réparations auxquelles ils sont assujétis par leurs baux.

Les autres réparations seront ordonnées, sur la demande du Directeur, par le Préfet du département & l'adjudication en sera faite par devant le sous-Préfet de l'arrondissement.

Le Préfet pourra néanmoins autoriser le Directeur des domaines à faire faire, sans adjudication, les réparations dont la dépense n'excédera par la somme de 150. fr.

7. Les baux des biens nationaux seront faits à la diligence des préposés des domaines par devant le sous-préfet de l'arrondissement de la situation des biens, & stipulés en franc.

8. Dans le cas où quelques biens ne pourraient être affermés, ils seront régis de la maniere qui sera jugée la plus avantageuse par le Préfet, sur la proposition

du Directeur des domaines & sur l'avis du sous-Préfet.

9. En cas de retard de la part des débiteurs, le Directeur de l'enrégistrement & des domaines décernera des contraintes qui seront visées par le président du tribunal de 1.re instance de la situation des biens, sur la représentation d'un extrait du titre obligatoire du débiteur, & l'exécution n'en pourra être interrompue que par une opposition motivée formée par le débiteur & portant assignation à jour fixe devant le même tribunal.

10. Les instances relatives au recouvrement des revenus nationaux dont la somme sera inférieure à 1000. fr. seront jugées en premier & dernier ressort par les tribunaux de 1. instance.

Celles où il s'agira de 1000. fr. & au dessus, seront sujettes à l'appel.

11 Lorsque la propriété ou le fonds des droits & créances sera contesté, les instances seront suivies à la requête du Préfet du département.

12. Dans tous les cas, les tribunaux ne pourront connaître de la légalité des ventes & baux de biens nationaux, laquelle est de la compétence des Conseils de préfecture, ni de la legalité de tous autres actes administratifs.

13. Les prix des fermages des susdits

6

domaines, les redevances, arrérages de
rentes &c. stipulées en livres de Gênes,
ou payables en conformité de l'art. 11
du présent décret, continueront d'être
acquittés en livres de Gênes à compter
du 1. Vendem. an 14 (23 Septemb. 1805)
mais les quittances, ainsi que les registres porteront, après l'enoncée des sommes en livres de Gênes, leur réduction
en francs & centimes de francs d'après
le tarif publié, afin qu'il en soit compté
de même au trésor public.

14. L'Inspecteur général de l'enrégistrement & des domaines, Commissaire
extraordinaire pour l'organisation des
Contributions indirectes, est chargé de
donner les ordres & instructions nécéssaires pour l'exécution du présent décret.

Fait en notre Palais à Gênes le 28
Thermidor an 13.

L'Archi-Trésorier de l'Empire
Signé LE-BRUN
Par son Altesse Sérénissime
Le Secrétaire de ses commandemens,
Signé Benoit.

N. 34.

---

*Suite de la publication des Loix à exé-
cuter à compter du 1.er. Vendémiaire
prochain (23. Settembre 1805.)*

L'ARCHI-TRÉSORIER

DE L'EMPIRE

En vertu des pouvoirs qui lui ont
été conférés par S. M. l'EMPEREUR
& ROI.

Sur la proposition de l'Inspecteur
général de l'enrégistrement et des Domaines, Commissaire extraordinaire pour
l'organisation des contributions indirectes.

DÉCRÈTE ce qui suit :

Art. 1. A compter du 1. Vendémiaire
an 14. (23. Settembre 1805.) les actes
publics, dans les Départemens de Gênes,
de Montenotte, des Appennins, et dans
l'Arrondissement de San Remo réuni au
Département des Alpes maritimes, ne
pourront être écrits qu'en langue française,
à peine de nullité.

Les dits actes néanmoins pourront être écrits à mi-marge, et présenter à côté la traduction en Italien.

2. Lorsque des actes, sous seings privés, écrits en Italien, serout présentés à l'enrégistrement, il y sera joint une copie des dits actes en langue française, et certifiée par le requérant.

3. Le présent décret sera imprimé, publié, et affiché.

Fait en notre palais à Gênes le 20. fructidor an 13. (7. Settembre 1805.)

L'ARCHI-TRÉSORIER DE L'EMPIRE
Signé LE-BRUN.

Par son Altesse Sérénissime
Le Secrétaire de ses commandemens,
BENOIT.

N. 35.

L'ARCHI-TRÉSORIER

DE L'EMPIRE

En vertu des pouvoirs qui lui ont été conférés par Sa Majesté l'EMPEREUR, & ROI,

DÉCRÈTE:

Art. 1. Le premier Vendemiaire prochain (23. Septembre 1805.) M.M. les Préfets des Départemens de Gênes, Montenotte, & Appennins se rendront à neuf heures du matin aux lieux des séances des anciens Tribunaux, & là, l'ancien greffier appellé, & présent, ils feront fermer les portes des Salles, Greffes, Archives, & autres dépôts des papiers, & minutes des Tribunaux, & feront apposer en leur présence le scellé sur les dits papiers, & minutes.

2. Si les nouveaux tribunaux doivent siéger dans les mêmes lieux, que les anciens, les papiers, ou minutes, s'il y en a, seront retirés, & deposés dans une Salle particulière sous le sceau de la Préfecture.

3. Les mêmes formalités seront remplies par les Sous-Préfets, & leurs Secré-

2

taires dans les chefs-lieux de leur Arrondissement où des nouveaux Tribunaux seroient établis.

4. A onze heures les membres nommés pour composer les nouveaux Tribunaux se rendront en costume aux lieux préparés pour leur séance, & à l'effet d'y être installés.

5. A Gênes le Tribunal d'Appel sera installé par l'Archi-Trésorier.

La Cour Criminelle par Monsieur le Préfet de Gênes.

Le Tribunal de première instance par Monsieur Jerome Serra, qui est délegué à cet effet.

A Savone, & Chiavari les Tribunaux seront installés par les Préfets.

A Sarzanne, Port-Maurice, Acqui, Ceva, Tortone, & Bobbio par les Sous-Préfets.

6. Les membres des Tribunaux prêteront serment de remplir avec exactitude & impartialité les fonctions qui leur sont confiées, d'exécuter & faire exécuter les loix, & décrèts publiés par Sa Majesté l'EMPEREUR, et ROI. Ceux qui n'auront pas été présents à l'installation feront les mêmes promesses dans les mains du Président, & à l'audience publique.

7. Après l'installation les Juges se rendront en corps à l'Eglise Metropolitaine,

3

s'il y en a, ou à l'Eglise principale, précédés par les Autorités qui les auront installés, & y entendront une messe solemnelle.

8. Dans les mois de l'installation des nouveaux tribunaux il sera procedé au triage, & à la remise des papiers, & minutes des anciens Tribunaux.

9. Les papiers, & minutes du Tribunal d'Appel de Gènes, d'Alassio & de Levanto seront remis au Tribunal d'Appel séant à Gènes.

Ceux du Tribunal de Cassation seront envoyés à la Cour de Cassation à Paris.

Ceux des Tribunaux de première instance seront remis aux Tribunaux de même dénomination.

Les Préfets, & Sous-Préfets, feront procéder à l'inventaire, classification, & remise des dits papiers, & minutes.

10. Dans la huitaine de l'installation chaque Tribunal indiquera à Son Altesse Sérénissime par un avis en forme le nombre d'Avoués qu'il croira nécessaire, & présentera une liste double des individus, qu'il jugera propres à en remplir les fonctions.

11. Jusqu'à la nomination des Avoués, les officiers ministeriels attachés aux Tribunaux supprimés sont autorisés à prêter leur ministère aux parties, à condition

4

néanmoins, qu'ils auront fait en audience publique, & dans les mains du Président du Tribunal le serment d'exercer fidèlement les devoirs de leur Commission, & de se conformer aux lois, & décrets de Sa Majesté l'EMPEREUR, et ROI.

12. Dans le même délai de huit jours, les Tribunaux indiqueront le nombre d'huissiers, qu'ils croiront nécessaires, & présenteront à l'Archi-Trésorier une liste double des sujets sachant lire, & écrire, qu'ils jugeront proprés à remplir ces fonctions.

13. Jusqu'à la nomination des huissiers nouveaux, les anciens huissiers pourront exercer leurs fonctions, s'ils savent lire, & écrire.

Les nouveaux huissiers une fois reçus, les anciens n'auront plus de caractère public, & cesseront d'exercer.

14. MM. Les Préfets de Gênes, Montenotte, & des Appennins sont chargés de l'exécution du présent décrèt.

Fait en notre Palais à Gênes le 17 Fructidor an 13. (12. Septembre 1805.)

L'Archi-Trésorier de l'Empire

Signé LE-BRUN

Par Son Altesse Sérénissime

Le Secrétaire de ses Commandemens

Signé Benoit.

36.

L'ARCHI-TRÉSORIER
DE L'EMPIRE

En vertu des pouvoirs qui lui ont été conferès par S. M. l'EMPEREUR, & ROI pour l'organisation des trois nouveaux Départemens des États de Gênes.

Vû la loi du 19. Brumaire an 6. sur la garantie des ouvrages d'or, & d'argent, voulant assurer la conservation du droit de garantie à dater du 1.er Vendémiaire an 14.

DÉCRÈTE:

Art. 1 Dans le cas où les poinçons destinés a frapper les ouvrages d'or, & d'argent ne seroient pas encore parvenus aux Bureaux de Garantie des trois Départemens de l'État de Gênes, au premier Vendémiaire an 14. Il y sera suppléé par des poinçons provisoires.

2. Le Directeur Commissaire extraordinaire chargé de l'organisation des droits réunis est autorisé a faire fondre ces poinçons à l'hôtel des monnoyes de Gênes. Il en seré fait deux de petite dimension pour les ménus ouvrages, & un d'une dimension plus grande pour les ouvrages consequents.

3. Indépendamment des signes caracteristiqués qui seront donnés par le fondeur

aux poinçons provisoires, ils porteront la lettre P.

4. Aussitôt que les poinçons déterminés par la loi seront parvenus aux Bureaux de Garantie, les poinçons provisoires seront brisés en présence du Préfet du Département, & cette opération sera constatée par un Procés-Verbal.

5. Tous les ouvrages frappés des poinçons provisoires seront assujetis à la marque des poinçons deffinitifs sans nouveaux frais.

6. Il sera dressé pendant les cinq derniers jours complementaires prochains, un inventaire particulier de tous les ouvrages existans a cette epoque dans les Boutiques, & Magasins des Orfèvres, Marchands, ou Fabricans, & ils seront tenus de présenter dans les premiers jours de Vendémiaire, tous ces ouvrages au Bureau de Garantie par y être frappés du poinçon & payer le droit établi par la loi.

7 Le Directeur Commissaire extraordinaire des droits réunis est chargé de l'exécution du présent.

Fait en notre Palais à Gênes le 13. Fructidor an 13. (31. Août 1805.).

Signé LE-BRUN.

Par son Altesse Sérénissime
Le Secrétaire de ses commandemens,

Signé BENOIT.

37.

L'ARCHI-TRÉSORIER
DE L'EMPIRE

En vertu des pouvoirs qui lui ont été conférés par Sa Majesté l'EMPEREUR et ROI

Vû l'article 56 de la Loi du 9 vendémiaire an 6.

Les arrêtés des 3. pluviose, et 19. floreal suivants.

L'art. 80. de la Loi du 5. ventose an 13. relatif au droit sur les cartes à la fabrication

DÉCRÈTE:

Art. 1. Les fabricans de cartes actuellement existans dans les villes dépendantes de la Direction de Gênes sont tenus de se présenter au bureau de la régie des droits réunis, ou à celui du Sous-Préfet de leur Arrondissement pour y faire leur déclaration s'ils entendent continuer, ou cesser de fabriquer en l'an 14.

2. Toutes les cartes existantes dans les fabriques ou dans les entrepôts de la direction de Gênes au 1.er vendemiaire an 14. seront soumises au timbrage provisoire, et a payer le droit imposé par la Loi.

3. Il sera fabriqué pour chaque bureau de la régie des droits réunis où il y aura des fabriques de cartes établies, un tim-

2

bre provisoire qui sera appliqué sur tous les jeux, et bandes de sixains qui auront été reconnus dans les établissemens ci-dessus désignés. Le type de ce timbre sera déposé au greffe du tribunal compétant.

4. Les privileges précédemment accordés pour la vente exclusive des cartes sont, et demeurent abrogés à dater du 1.er vendémiaire an 14.

5. Il sera délivré au nom de la régie des droits réunis, des permissions de débiter les cartes. Ces permissions seront proportionées à la consommation, et reparties d'une manière convenable à la commodité du public.

6. Les fabricans seront munis de droit d'une permission de vendre les cartes de leur fabriques; les autres débits seront restreints au nombre absolument nécéssaire.

7. Le Directeur Commissaire extraordinaire des droits réunis est chargé de l'exécution du présent Décrèt.

Fait en notre palais à Gênes le 13. fructidor an 13. (31. août 1805.)

Signé LE-BRUN

Par Son Altesse Sérénissime :
Le Secrétaire de ses Commandemens,

Signé Benoit.

N. 38.

L'ARCHI-TRÉSORIER

DE L'EMPIRE

En vertu des pouvoirs qui lui ont été conférés par S. M. l'EMPEREUR & ROI

DÉCRÈTE :

Le règlement suivant rédigé et présenté par M.r le Conseiller d'état Préfet maritime pour l'École pratique des Élèves de la Marine.

Art. 1. Les élèves de l'École pratique de marine se leveront tous les jours au coup de canon de Diane, feront branle-bas, balayeront et laveront le pont.

Ils déjeuneront après l'exercice de la manœuvre, dineront au coup de la cloche qui annoncera le diner des ouvriers, souperont après l'exercice du soir, et se coucheront un quart d'heure après le coup de canon de retraite.

2. Ils seront divisés en escouades de dix au plus ; le chef de l'escouade, et le sous-chef seront choisis parmi ceux qui savent lire, et écrire ; ils tiendront les casernets ou rôles de l'escouade, et apprendront à enrégistrer les mouvements.

Ils feront l'appel en présence d'un

officier qui tiendra note des mouvemens de toute l'école, et en rendra compte au chef militaire chaque jour.

3. Le même officier fera l'inspection des élèves homme par homme, examinera leur tenue, leur propreté, et les fera laver s'il est besoin.

S'il apperçoit quelques simptomes de maladie de peau, il separera les élèves qui en sont atteints, et les enverra à la visite de l'officier de santé.

Cette revue de propreté sera plus sévère le dimanche, on veillera à ce que tout le linge soit propre et bien lavé.

On fera reparer et nettoyer les habits, en conséquence la revue se fera la dimanche une heure plus tard.

L'appel se fera de la même manière et toujours par le chef d'escouade en presence de l'officier. Il aura lieu trois fois par jour à l'heure du repos.

Si un élève manque à l'appel, il en sera rendu compte dans le délai de six heures au plus, au chef militaire.

4. Quand la chambre aura été rangée, l'appel de revue fait; on fera la prière du matin sur le pont s'il fait beau, entre le pont s'il fait mauvais.

Un officier assistera toujours à la prière pour y maintenir la decence et le respect.

§

La prière sera prononcée à haute voix par un des élèves.

La prière du soir se fera de la même manière, et avec la même surveillance, immédiatement après le coup du canon de retraite.

Les dimanches, & les fêtes chômées, les élèves iront à la messe à la chapelle du Bagne.

Ils y seront conduits par un officier, marcheront militairement, à l'aller et au retour, ayant leurs chefs, et sous-chefs d'escouades à la tête de chaque escouade.

Ils auront dans la chapelle une place séparée, gardée par quatre soldats de la garnison du Brick en tenüe.

Tous les dimanches ils entendront une instruction qui leur sera faite par l'aumonier du Bagne.

5. Immédiatement après la prière du matin tous les élèves sans exception feront l'exercice de la manœuvre.

Ils monteront en haut par les enfléchures le long des gas haubans, & le long des mats; ils serreront, & deferleront les voiles, & feront le simulacre de toutes les manœuvres du Vaisseau.

On les exercera aussi à la manœuvre des avirons.

Un second exercice de la manœuvre aura lieu après le diner.

Les élèves rentreront une demi-heure avant que le diner sonne, & sortiront un quart d'heure après que la cloche aura marqué la rentrée des ouvriers.

Un troisième exercice se fera après la rentrée du travail des atteliers, & pour cet effet les élèves sortiront une demi-heure avant les ouvriers de l'arsenal.

L'exercice commencera à bord immediatemeut après le rassemblement, & l'appel.

Les exercices de manœuvre dureront une heure chacun.

Celui du soir pourra être abrégé quand les jours seront trop courts.

Ni la pluie ni le vent ne pourront empêcher l'exercice des manœuvres.

Le commandement se fera toujours en français.

6. Les élèves qui savent, ou qui veulent apprendre quelque profession maritime, auront dans les atteliers de la Darse tous les secours possible. Ils pourront disposer à cet effet de tout le tems qu'ils auront de libre entre les exercices.

Il leur sera fait l'avance des premiers outils de leur profession.

Ils auront toute la paye qu'ils pourront mériter & obtenir, des ouvriers entrepreneurs.

Quand ils auront mérité & obtenu

cette paye, il leur en sera accordé une par l'état, dont la qualité sera fixée sur le rapport du chef du Genie par le Préfet maritime.

L'élève de la marine qui sera instruit dans quelqu'une des professions relatives à ce service, pourra l'exercer à terre, quand il ne sera point levé pour le service de mer.

Il aura pour tous les travaux du port la préférence sur tout autre qui n'auroit pas été élève de la marine.

7. Les professions qui seront encouragées dans l'écôle de marine, sont celle

De Charpentier
De Calefat
Armurier
Taillaudier
Menuisier
Perceur
Tourneur
Voilier
Gréeur
Forgerons
Serruries
Cordonniers
Tailleurs

8. A mesure qu'il se formera un attelier de chacune de ces professions dans la Darse, les élèves de la marine pourront y être attachés, mais jamais malgré eux.

9. Ils seront donnés aux ouvriers des entrepreneurs de main dœuvre pour être employés à l'exploitation de leurs marchés.

Les entrepreneurs fixeront la paye qu'ils meriteront; mais s'ils laissoient un élève de la marine trois mois sans lui fixer une paye, cet élève à la fin du 3. mois seroit attaché à un autre entrepreneur.

10. Dans les atteliers de l'état on prendra sur cinq hommes un élève apprentif de l'écôle de marine pour toutes les classes d'ouvriers indistinctement.

Mais dans les classes de Charpentier & de Calefat le nombre n'en sera point limité.

11. Les Soldatini seront aussi appelés aux travaux du port comme les élèves de la marine.

12. Les atteliers de la maison des Soldatini où l'on travaille des professious de Tailleur & de Cordonnier, seront transferés dans la Darse & soumis à la discipline qui y est observée.

13. Les élèves de la marine sont soumis aux lois & usages de la police militaire & de celles des vaisseaux.

Dans les atteliers ils oberront à l'ouvrier auquel ils auront été attachés, comme apprentifs & aux contremaîtres, & maîtres de l'attelier.

14. Dans tout le cours de leur service, ils obeiront à tous les officiers civils & militaires de l'Arsenal.

15. Les délits ordinaires contre la subordination & la police seront punis des peines suivantes :

A la chambre de Police pour un tems déterminé.

A la prison, mais sans cesser d'aller au travail & faire l'exercice.

Peine plus grave, si le délit est plus marqué, & qui pourra aller jusqu'à 20. coups de corde.

Les délits contre l'honneur seront punis suivant la gravité des cas d'une réclusion de quinze jours.

Du cachot & aux fers pendant 15. jours.

De 20. a 50. coups de corde.

De la bouline.

Cassé.

Dans aucun cas les élèves ne seront punis par la privation des vivres en tout, ou en partie.

16. Les élèves qui se distingueront par leur travail et leur docilité obtiendront des grades, d'abord la haute paye de mousse, et à l'âge de seize ans le grade de novice, et la paye inférieure de ce grade.

S'ils continuent à bien meriter, ils obtiendront la paye intermèdiaire.

10

Ils ne pourront obtenir la paye supérieure qu'après une campagne de mer.

Les élèves qui auront déjà faits des
progrès dans la lecture, l'écriture, les
comptes, ou qui auront quelque connois-
sance des sciences exactes, pourront être
admis aux leçons du Collège militaire, par
un décrét de l'Archi-Trésorier.

17. Monsieur le Conseiller d'état Préfet
maritime à Gênes est chargé de l'execu-
tion du présent décrêt.

Fait en notre Palais à Gênes le 17
Fructidor an 13. (4. Settembre 1805.)

Signé LE-BRUN

Par Son Altesse Sérénissime
Le Secrétaire de ses Commandemens

Signé BENOIT.

25 fructidor an 13

17

N. 39.

Administration de l'enrégistrement & des Domaines.

*Suite de la publication des Loix à exécu-
ter à compter du 1. Vendem. prochain
(23. Septembre 1805.)*

L' ARCHI-TRÉSORIER
DE L'EMPIRE

En vertu des pouvoirs qui lui ont été
conférés par Sa Majesté l'EMPEREUR,
et ROI,   *DÉCRÊTE :*
Seront publiés & executés dans les
Départemens de Gênes, de Montenotte,
& des Appennins ;

1. Le décret du 31. juillet 1791. relatif
à la fixation du prix de location des edifices, dans lesquels les corps administratifs auront formé des établissemens publics;

2. La loi du 2. janvier 1793. concernant
les devoirs des Commissaires & employés
à la vente du mobilier national ;

3. L'art. 18. du décret du 27. Vendémiaire an 2 relatif à la vente des bâtimens de mer & au droit qui en résulte ;

4. La loi du 16. floréal an 4, relative
au dépôt à faire, chaque année, par les
Notaires; du double de leurs répertoires,

5. Les art. 1 & 5 de l'arrêté du Directoire

2

exécutif en date du 28. brumaire an 6, qui désigne le lieu du dépôt des minutes des actes des juges de paix en matière civile, & fixe l'epoque de la clôture des répertoires ;

6. La loi du 22. pluviose an 7 qui prescrit les formalités à suivre pour les ventes d'effets mobiliers ;

7. La loi du 18 germinal an 7 , relative à la liquidation & au remboursement des frais de justice en matière criminelle ;

8. L'arrêté du gouvernement du 27 nivose an 10, relatif à la consignation de l'amende sur appel ;

9. L'arrêté du gouvernement du 10. floréal an 11, additionnel à celui du 27. nivose an 10, relatif à la consignation des amendes de fol appel ;

10. La loi du 25 germinal an 11, relative aux contraventions à la loi du timbre & au mode de poursuites ;

11. L'art. 1. de l'arrêté du gouvernement du 6 fructidor an 11., & l'arrêté du 15. brumaire an 12., relatifs au droit d'enrégistrement des adjudications passées pour le service public ;

12. L'arrêté du gouvernement du 15 brumaire an 12., relatif au droit d'enrégistrement des donations en faveur des hospices ;

13. L'arrêté du gouvernement du 15 brumaire an 12., relatif aux droits d'enré-

gistrement & d'hypothèque des donations, en faveur des hospices & des pauvres;

14. L'arrêté du gouvernement du 30 frimaire au 12, qui exempte du droit de timbre les passavans & les acquits à caution pour la circulation des grains & marchandises dans l'intérieur;

15. Les art. 1 & 2. du décret impérial du 3. Messidor an 12. relatif aux duplicata des extraits d'inscriptions au grand livre.

16. L'art. 1. de l'arrêté du gouvernement du 6 fructidor an 11. relatif aux écus de 3. liv. aux pièces de 24, 12. & 6 sous effacés;

17. Le décret impérial du 25 messidor an 12. relatif aux écus & pièces françaises effacés;

18. L'art. 3 de la loi du 28. nivose an 13, relative à la quotité des droits d'enrégistrement des reconnaissances des préposés aux consignations;

19. La loi du 5. pluviose an 13, concernant les frais de justice;

20. La loi du 13 pluviose au 13, concernant les saisie-arrèts & oppositions entre les mains des préposés de l'administration de l'enrégistrement & des Domaines;

21. L'art. 1. du décret impérial du 25 germinal an 13, relatif au droit d'enrégistrement des actes de cautionnement des adjudications & marchés, pour le service

4

des ponts & chaussées, de la navigation
& des ports maritimes & de commerce.

L'Inspecteur général de l'enrégistrement & des Domaines, commissaire extraordinaire pour l'organisation des contributions indirectes dans les nouveaux Départemens au delà des Alpes, est chargé de
l'exécution du présent décret.

Fait en notre Palais à Gênes le 25.
fructidor an 13. (12. Septembre 1805.)

L'ARCHI-TRÉSORIER DE L'EMPIRE

Signé LE-BRUN.

Par son Altesse Sérénissime
Le Secrétaire de ses commandemens,

Signé BENOIT.

1.

Décret du 31. Juillet 1791.

Art. 1. Les Préposés aux administra-
tions des Domaines nationaux procéderont
contradictoirement avec les corps administratifs à un état estimatif de la valeur
locative des edifices dans lesquels ces derniers ont formé leurs établissemens provisoires.

2. La base du loyer sera pour le passé
fixée selon la valeur locative, & pour l'a-
venir au denier 25. de la valeur estima-

tive des lieux, où les corps administratifs
& judiciaires tiennent leurs séances, &
le montant en sera payé par les administrés & justiciables, à partir de la date du
délai fixé par le décrèt du 7 fevrier dernier, qui sera au surplus exécuté en tout
son contenu.

3. Les corps administratifs sont respon-
sables en leur propre & privé nom de l'e-
xécution du présent décret, & comme tels
tenus de toute indemnité envers la nation,
& en consequence obligés d'en payer le
montant aux receveurs des Domaines nationaux, ou à tous autres qu'il appartiendra, sans en pouvoir rien réclamer contre les administrés & justiciables.

Pour extrait conforme
L'Archi-Trésorier de l'Empire
Signé LE-BRUN.
Par son Altesse Sérénissime
Le Secrétaire de ses commandemens,
Signé Benoit.

2.

Loi du 2. Janvier 1793.

Art. 1. Les citoyens *préposés pour la vente*
du mobilier & autres meubles nationaux,
ainsi que les Commissaires choisis pour
assister aux dites ventes, *ne pourront s'im-*

6

miscer directement ni indirectement dans l'achat, ni accepter aucune rétrocession de ceux desdits meubles dont la vente leur est commise, sous peine d'être réputés voleurs d'effets publics & poursuivis comme tels.

2. Toutes personnes qui donneront ou recevront de l'argent ou qui useront de menaces pour arrêter le cours des enchères, seront également poursuivies comme voleurs d'effets publics & punies comme tels.

3. Pour la vente des meubles dont l'estimation ou la première enchère surpasserait la somme de 100. livres, il sera allumé des feux & la délivrance n'en sera faite qu'à l'extinction du dernier feu sans enchère. Les préposés aux ventes et commissaires qui contraviendraient à la présente disposition, seront condamnés à 500. livres d'amende pour chaque contravention & les ventes pourront être annullées.

4. Lorsqu'il ne se présentera pas un nombre suffisant d'enchérisseurs, ou lorsque les effets resteront évidemment au-dessous de leur valeur, les Préposés & commissaires seront tenus de surseoir à la vente, à la charge d'en donner avis à la municipalité, & d'en référer au Directoire du District (le Sous-Préfet) lequel prendra les mesures ultérieures & définitives.

5. Les peines encourues par contravention aux articles 1. & 2. de la présente loi, seront poursuivies par devant le tribunal criminel, à la requête de l'accusateur public; & celles pour contravention, à l'article 3. par devant le tribunal de police correctionnelle, à la requête du procureur syndic du District, (le Sous-Préfet).

Pour extrait conforme
L'ARCHI-TRÉSORIER DE L'EMPIRE
Signé LE-BRUN.
Par son Altesse Sérénissime
Le Secrétaire de ses commandemens,
Signé BENOIT.

3.

Extrait du décret du 27. *Vendémiaire an* 2.

Art. 18 Toute vente de bâtiment ou de partie de bâtiment, contiendra la copie de l'acte de francisation, et sera faite par devant un officier public (sans qu'il soit perçu plus de quinze sols pour droit d'enrégistrement, quelque soit le prix de vente).

Pour extrait conforme
L'ARCHI-TRÉSORIER DE L'EMPIRE
Signé LE-BRUN.
Par son Altesse Sérénissime
Le Secrétaire de ses commandemens,
Signé BENOIT.

4.

*Loi du 16. floréal an 4., relative au dé=
pôt à faire chaque année par les Notaires du double de leur répertoires.*

Art. 1. Les Notaires publics seront tenus
d'effectuer, chaque année, au greffe du
tribunal civil du département de leur ré=
sidence, le dépôt du double par eux cer=
tifié du répertoire des actes par eux re-
cus dans le cours de l'année précédente,
& ce dans le délai & sous les peines portés
par l'art. 16. du titre 3. de la loi du 29.
Septembre 1791.

2. Le Commissaire du Directoire exé=
cutif près le tribunal civil de chaque dé=
partement, demeure chargé, sous sa responsabilité de poursuivre les Notaires en
retard; il les fera condamner à l'amende
déterminée par la loi précitée, & cette
amende sera récouvrée par le receveur des
Domaines de l'arrondissement de la residence du Notaire qui l'aura encourue.

Pour extrait conforme

L'ARCHI-TRÉSORIER DE L'EMPIRE

Signé LE-BRUN.

Par son Altesse Sérénissime

Le Secrétaire de ses commandemens,

Signé BENOIT.

5.

*Extrait de l'arrêté du Directoire exécutif
du 28. brumaire an 6.*

Art. 1. Les Juges de paix veilleront
sous leur propre responsabilité à ce que
les minutes de leur actes en matière civile soient déposées, dans la première décade du mois de vendémiaire de chaque
année, dans le local de la maison de l'administration municipale qui sera designé
par ladite administration.

5. Les Commissaires du Directoire exécutif près les tribunaux correctionnels veilleront à ce que les répertoires que les greffiers des justices de paix doivent tenir conformément à l'article 3. de la loi du 6.
frimaire an 4., soient côtés & paraphés par
les Juges de paix, & clos par ces mêmes
Juges dans la première décade de vendémiaire; ils y mettront en consequence leur
visa, après la clôture faite par ce Juge.

Pour extrait conforme

L'ARCHI-TRÉSORIER DE L'EMPIRE
Signé LE-BRUN,

Par son Altesse Sérénissime
Le Secrétaire de ses commandemens,
Signé BENOIT,

6.

Loi du 22. Pluviose an 7. qui prescrit des formalités pour les ventes d'effets mobiliers.

Art. 1. A compter du jour de la publication de la présente, les meubles, effets, marchandises, bois, fruits, recolte et tous autres objets mobiliers ne pourront être vendus publiquement et par enchères, qu'en presence et par le ministère d'officiers publics ayant qualité pour y procéder.

2. Aucun officier public ne pourra procéder à une vente publique et par enchères d'objets mobiliers qu'il n'en ait préalablement fait la déclaration au bureau de l'enrégistrement dans l'arrondissement du quel la vente aura lieu.

3. La déclaration sera inscrite sur un registre qui sera tenu à cet effet, et elle sera datée. Elle contiendra les noms, qualité et domicile de l'officier, ceux du requérant, ceux de la personne dont le mobilier sera mis en vente, et l'indication de l'endroit où se fera la vente, et du jour de son ouverture. Elle sera signée par l'officier public, et il lui en sera fourni une copie sans autres frais que le prix du

11

papier timbré sur lequel cette copie sera
delivrée.

Elle ne pourra servir que pour le
mobilier de celui qui y sera dénommé.

4. Le registre sera en papier non timbré; il sera côté et paraphé sans frais
par le juge de paix dans l'arrondissement
du quel sera le bureau d'enrégistrement.

5. Les officiers publics transcriront, en
tête de leur procès-verbaux de vente les
copies de leurs déclarations.

Chaque objet adjugé sera porté de
suite au procès-verbal; le prix y sera
écrit en toutes lettres, et tiré hors ligne
en chiffre.

Chaque séance sera close et signée par
l'officier public et deux témoins domiciliés.

Lorsqu'une vente aura lieu par suite
d'inventaire, il en sera fait mention au
procès-verbal, avec indication de la date
de l'inventaire, du nom du notaire qui y
aura procédé, et de la quittance de l'enrégistrement.

6. Les procès-verbaux de vente ne pourront être enrégistrés qu'aux bureaux où
les déclarations auront été faites.

Le droit d'enrégistrement sera perçu
sur le montant des sommes que contiendra
cumulativement le procès-verbal des séances à enrégistrer, dans le délai prescrit par
la loi sur l'enrégistrement.

7. Les contraventions aux dispositions ci-dessus seront punies par les amendes ci-après,

Savoir:

De 100. francs contre tout officier public qui aurait procédé à une vente sans en avoir fait la déclaration ;

De 25. francs pour défaut de transcription en tête du procès-verbal de la déclaration faite au bureau d'enrégistrement;

De 100. francs pour chaque article adjugé et non porté au procès-verbal de vente, outre la restitution du droit ;

De 100. francs aussi pour chaque altération de prix des articles adjugés, faite dans le procès-verbal, independamment de la restitution du droit et des peines de faux :

Et de 15. francs pour chaque article dont le prix ne serait pas écrit en toutes lettres au procès-verbal.

Les autres contraventions que pourroient commettre les officiers publics contre les dispositions de la loi sur l'enrégistrement, seront punies par les amendes et restitutions qu'elle prononce.

L'amende qu'aura encourue tout citoyen par contravention à l'art. 1.er de la présente, en vendant ou faisant vendre publiquement et par enchère, sans le ministère d'un officier public, sera déterminée en raison de l'importance de la contravention ; elle ne pourra cependant être au dessous de 5o. francs ni excéder 1,ooo francs pour chaque vente, outre la restitution des droits qui se trouveront dûs.

8. Les préposés de la regie de l'enrégistrement sont autorisés à se transporter dans tous les lieux où se feront des ventes publiques et par enchère, et à s'y faire représenter les procès-verbaux de vente et les copies des déclarations préalables.

Ils dresseront des procès-verbaux des contraventions qu'ils auront reconues et constatées ; ils pourront même requerir l'assistance d'un officier municipal, ou de l'agent, ou de l'adjoint de la commune, ou de la municipalité, où se fera la vente.

Les poursuites et instances auront lieu ainsi et de la manière prescrite par la loi du 22 frimaire dernier sur l'enrégistrement.

La preuve testimoniale pourra être admise sur les ventes faites en contravention à la présente.

9. Sont dispensés de la déclaration ordonnée par l'art. 2. les officiers publics qui auront à procéder aux ventes du mobilier national et à celles des effets des monts de pieté.

14

10. Toutes dispositions de loix contraires à la présente sont abrogées.

Pour extrait conforme

L'ARCHI-TRÉSORIER DE L'EMPIRE

Signé LE-BRUN

Par Son Altesse Sérénissime

Le Secrétaire de ses commandemens,

Signé BENOIT.

7.

Loi du 18. Germinal an 7. relative au remboursement des frais de justice en matière criminelle.

Art. 1. Tout jugement d'un tribunal criminel, correctionnel, ou de police, portant condamnation à une peine quelconque, prononcera en même temps au profit de la République, le remboursement des frais auxquels la poursuite et punition des crimes et délits aura donné lieu.

2. Lorsqu'il y aura plusieurs accusés, auteurs ou complices du même fait, la condamnation au remboursement sera prononcée solidairement contre eux.

3. Les frais seront liquidés & la liquidation rendue exécutoire par le Président du tribunal ; le recouvrement sera poursuivi par les préposés à la régie de l'enrégistrement et du domaine national.

4. Pour faciliter cette liquidation, les

officiers de police judiciaire ; les directeurs de jury ou présidens des tribunaux correctionnels, aussitôt qu'ils auront terminé leurs fonctions relativement à chaque affaire, joindront aux pièces l'état signé d'eux des frais et deboursés dont la liquidation pourra avoir lieu, lors qu'il y aura condamnation exécutoire.

5. Les indemnités accordées à ceux qui auront souffert un dommage résultant du délit, seront prises sur les biens des condamnés avant les frais adjugés à la République.

Pour extrait conforme

L'Archi-Trésorier de l'Empire.

Signé LE-BRUN.

Par Son Altesse Sérénissime

Le Sécrétaire de ses commandemens,

Signé Benoit.

8.

Arrêté du Gouvernement du 27. nivose an 10. relatif à la consignation d'amende sur appel.

EXTRAIT.

Art. 1. Tout appellant sera tenu de consigner l'amende, d'avance, en faisant enrégistrer son acte d'appel, sauf à ordonner la restitution, si l'appel est jugé bien fondé.

16

2. Si le tribunal ordonne la restitution de l'amende, ou si les parties transigent sur l'appel avant le jugement, le receveur restituera le montant de l'amende à qui de droit, soit sur le vû du jugement, soit sur le vû de la transaction des parties.

Pour extrait conforme.

L'Archi-Trésorier de l'Empire

Signé LE-BRUN

Par Son Altesse Sérénissime

Le Secrétaire de ses commandemens,

Signé Benoit.

9.

Arrêté du Gouvernement du 10. floréal an 11. additionnel à celui du 27. nivose an 10. relatif à la consignation des amendes de fol appel.

Art. 1. Tout appel des jugements des tribunaux de commerce sera, en conformité de la déclaration du 21 mars 1671, et de l'Edit de février 1691, sujet à l'amende, comme l'appel des jugemens des tribunaux de première instance et des juges de paix.

2. Il sera consigné douze francs à compte sur l'amende de 60 francs pour l'appel des jugements des tribunaux de première instance et de commerce.

3. L'amende de neuf francs pour appel des jugements des juges de paix, continuera d'être consignée en totalité.

4. La consignation prescrite par les deux articles précédens sera toujours faite avant le jugement, même par défaut qui interviendrait sur l'appel, et les greffiers ne pourront délivrer d'expéditions ou extraits de ces jugemens, avant qu'il leur ait été justifié de la consignation de l'amende.

5. Faute par l'appelant de faire cette consignation, l'intimé sera tenu de l'effectuer, sauf la répétition en définitif contre l'appelant, si celui-ci succombe.

6. Le tribunal d'appel condamnera l'appelant pour le jugement qu'il confirmera, au payement du surplus de l'amende.

7. La restitution du montant de la consignation sera ordonnée par le jugement qui aura déclaré l'appel bien fondé, & cette restitution sera effectuée par le préposé qui l'aura reçu, entre les mains de la partie, ou de l'avoué de la partie au nom de laquelle la consignation aura été faite, sur une copie signée par cet avoué, du dispositif du jugement, et sur la remise de la quitance.

8. Toute contravention aux dispositions du présent arrêté, relative à la consignation, continuera de donner lieu a l'amen-

18

de de 5oo. francs prononcée par l'art. 9.
de la déclaration du 21 mars 1671.

9. Les dispositions de l'arrêté du 27
nivose an 10 , contraires aux présentes,
sont rapportées.

10. Le grand juge &c.

N. B. Les dispositions de l'article premier de l'arrêté du 27 nivose an 10. ont
été modifiées par les art. 2. & 4. de l'arrêté du 10. floréal.

Pour extrait conforme
L'Archi-Trésorier de l'Empire
Signé LE-BRUN.
Par Son Altesse Sérénissime
Le Secrétaire de ses commandemens
Signé Benoit.

10.
Loi du 25. germinal an 11. sur le timbre.

Art. 1. L'Art. 32. de la loi du 13. brumaire an. 7. sur le timbre, qui fixe à trois
jours le délai pour signifier les procès-
verbaux de contravention à cette loi, ne
sera applicable qu'à ceux des contrevenans
domiciliés dans l'arrondissement du bureau où les procès-verbaux auront été rap-
portés.

2. Lorsque les contrevenans auront leur
domicile hors de cet arrondissement, le

délai sera de huit jours, jusqu'à cinq myriametres (dix lieues) de distance, et
d'un jour de plus pour chaque cinq myriametres au de-là de cette distance.

Pour extrait conforme.

L'Archi-Trésorier de l'Empire
Signé LE-BRUN.

Par Son Altesse Sérénissime

Le Secrétaire de ses commandemens,
Signé Benoit.

II.

*Extraits des arrêtés du Gouvernement du
6. fructidor an 11, & 15. Brumaire
an 12.*

De l'arrêté du 6 fructidor an 11.

Art. 1. Tous les marchés & adjudications pour les différens services du département de la guerre qui ont eu lieu jusqu'à ce jour, ou qui auront lieu par la
suite, ne seront sujets qu'au droit fixe
d'enrégistrement d'un franc, lorsqu'aucune clause expresse ne les aura soumis
au droit proportionnel de 50. centimes
par cent francs déterminé par l'Art. 69.
de la loi du 22. frimaire an 7.

Arrêté du Gouvernement du 15. brumaire an. 12.

1. L'arrêté du 6. fructidor dernier sera appliqué, dans toutes les dispositions, aux adjudications & marchés pour le service du département de la marine & aux actes de même nature pour le département de l'intérieur, à raison des ponts & chaussées, écluses, dessechemens, travaux dans les ports & pavage des villes, lorsque le prix de ces travaux sera à la charge du Trésor public.

2. Cet arrêté sera également applicable aux adjudications & marchés qui ont été ou seront faits au nom des habitans du département & communes, pour l'exécution de leurs offres de construction de vaisseaux & autres bâtimens & des fournitures quelconques, relativement à l'armement contre l'Angleterre.

Pour extrait conforme

L'Archi-Trésorier de l'Empire
Signé LE-BRUN.
Par Son Altesse Sérénissime
Le Secrétaire de ses commandemens,
Signé Benoit.

Arrêté du Gouvernement du 15 brumaire an 12. relatif à l'enrégistrement des Donations en faveur des hospices.

Art. 1. Les donations entre vifs et testamentaires en faveur des hospices, ne sont assujéties au droit d'enrégistrement qu'à raison d'un franc fixe.

2. Les donations n'auront leur pleine et entière exécution qu'après que leur acceptation aura été autorisée par le gouvernement.

3. Les Ministres des finances et de l'intérieur sont chargés de l'exécution du présent arrêté, qui sera inseré au bulletin des lois.

Pour extrait conforme
L'Archi-Trésorier de l'Empire
Signé LE-BRUN.
Par Son Altesse Sérénissime
Le Secrétaire de ses commandemens,
Signé Benoit.

13.

Extrait de l'arrêté du Gouvernement du 15. brumaire an 12. relatif aux droits d'enrégistrement et d'hypothèque Donations en faveur des hospices et des pauvres.

Les droits à percevoir, au profit du trésor public, pour la transcription ordonnée par l'article 229. du code civil, des actes de donation et d'acceptation d'immeubles sosceptibles d'hypothèques, ainsi que de la notification de l'acceptation faite par acte séparé aux bureaux des hypothèques dans l'arrondissement desquels les biens donnés sont situés, et le droit d'enrégistrement des dites donations sont modérés, en ce qui concerne les pauvres et les hopitaux, au droit fixe d'un franc pour l'enrégistrement, et d'un franc pour la transcription, sans préjudice des droits dévolus au conservateur.

Pour extrait conforme
L'Archi-Trésorier de l'Empire
Signé LE-BRUN
Par Son Altesse Sérénissime
Le Secrétaire de ses commandémens,
Signé Benoit.

14.

Arrêté du Gouvernement du 30. frimaire an 12.

Art. 1. Les passavans delivrés dans les bureaux des douanes pour le transport et la circulation des denrées et marchandises dans les deux myriametres des frontiéres, les acquits à caution delivrés pour la circulation des grains, et les certificats des maires et adjoints relatifs au transport des dits grains, sont dispensés de la formalité du timbre.

2. Le Ministre des finances est chargé de l'exécution du présent arrêté qui sera inseré au bulletin des loix.

Pour extrait conforme
L'Archi-Trésorier de l'Empire
Signé LE-BRUN
Par Son Altesse Sérénissime
Le Secrétaire de ses commandemens,
Signé Benoit.

15.

Extrait du décret Impérial du 3 messidor an 12.

Art. 1. A' l'avenir il ne sera plus délivré de duplicata des extraits d'inscriptions au grand livre des cinq pour cent consolidés de la dette viagère.

24

2. Les rentiers qui auraient perdu leurs extraits d'inscriptions, en feront la déclaration devant le maire de la commune de leur domicile.

Cette déclaration, faite en présence de deux témoins qui constateront l'individualité du déclarant, sera assujettie au droit fixe d'enrégistrement d'un franc.

Pour extrait conforme

L'ARCHI-TRÉSORIER DE L'EMPIRE

Signé LE-BRUN

Par Son Altesse Sérénissime

Le Secrétaire de ses commandemens,

Signé BENOIT.

16.

Extrait de l'arrêté du Gouvernement du 6. fructidor an 11.

Art. 1. Les écus de trois livres et les pièces de vingt-quatre sous, douze sous, et six sous qui, n'ayant conservé aucune trace de leur empreinte, ont perdu, aux termes des anciennes lois, le caractère de monnoie, seront reçus au change d'après leur poids, SAVOIR:

Les écus de trois livres, sur le pied réglé par le tarif arrêté pour les écus de six livres rognés:

Les pièces de vingt-quatre sous, à raison de cent quatre-vingt-quinze francs le kilogramme;

Celle de douze sous, à raison de cent quatre-vingt-dix-sept francs vingt-deux centimes le kilogramme;

Et celles de six sous, à raison de cent quatre-vingt-huit franc vingt centimes le kilogramme, le tout conformément au resultat des expériences faites par l'administration de la monnoie sur une grande quautité de pièces extraites de la circulation.

Pour extrait conforme

L'Archi-Trésorier de l'Empire

Signé LE-BRUN

Par Son Altesse Sérénissime

Le Secrétaire de ses commandemens,

Signé Benoit.

17.

Décret Impérial du 25 thermidor an 12.

Art. 1. Les pièces qui circulent pour trois livres, vingt-quatre sols, douze sols, et six sols, ne seront désormais admises dans les payements qu'autant qu'elles auront conservé une empreinte suffisante pour que l'on puisse reconnoître qu'elles sont de fabrication française, et de 1726. et années posterieures.

2. Celles de ces pièces qui ne reuniront pas ces conditions, seront reçus au change d'après leur poids, conformément à

26

l'arrêté du gouvernement du 6. fructidor
an 11.

Pour extrait conforme
L'Archi-Trésorier de l'Empire
Signé LE-BRUN
Par Son Altesse Sérénissime
Le Secrétaire de ses commandemens,
Signé Benoit.

18.

Extrait de la Loi du 28. nivose an 13. relative a la quotité du droit d'enrégistrement des reconnoissances des préposés aux consignations.

Art. 3. Le recours sur la caisse d'amortissement pour les sommes consignées dans les mains de ses préposés, est assuré à ceux qui auront fait la consignation, à la charge par eux de faire enrégistrer, *dans le délai de cinq jours* les reconnoissances des dits préposés, *au bureau de l'enrégistrement du lieu de la consignation.*

Le droit d'enrégistrement sur les reconnoissances est fixé à un franc.

Pour extrait conforme
L'Archi-Trésorier de l'Empire
Signé LE-BRUN
Par Son Altesse Sérénissime
Le Secrétaire de ses commandemens,
Signé Benoit.

19.

Loi du 5 pluviose an 13 concernant les frais de justice.

1. Les citations, notifications, & généralement toutes significations à la requête de la partie publique, en matière criminelle ou de police correctionnelle, seront faites par les huissiers audienciers des tribunaux établis dans les lieux où elles seront données, ou par les huissiers des tribunaux de paix. En conséquence, il ne sera jamais alloué de frais de transport aux huissiers, à moins toutefois qu'ils n'ayent été chargés par un mandément exprès du procureur général, ou du procureur impérial, ou du directeur du jury, chacun en ce qui le concerne, de porter, hors du lieu de leur résidence, lesdites citations, notifications ou significations; elles pourront aussi être données par les gendarmes.

2. Les citations & significations faites à la requête des prévenus ou accusés, seront à leurs frais, ainsi que les salaires des témoins qu'ils feront entendre; sauf à la partie publique à faire citer, à sa requête, les témoins qui lui seront indiqués par les prévenus ou accusés, dans les cas où elle jugerait que leur déclaration put être nécessaire pour la découverte de la vérité; sans préjudice encore du droit de la cour criminelle, d'ordonner,

dans le cours des débats, lorsqu'elle le jugera utile, que de nouveaux témoins seront entendus.

3. Il ne sera délivré gratuitement aux accusés, en quelque nombre qu'ils puissent être, & dans tous les cas, qu'une seule copie des procès-verbaux constatant le délit, & des déclarations écrites des témoins, les accusés ne pourront requérir d'autres copies de ces actes, ou des copies des autres pièces de la procédure, qu'à leurs frais.

4. En matière de police correctionnelle, ceux qui se constitueront parties civiles, seront personnellement chargés des frais de poursuite, instruction & signification des jugemens.

En toute affaire criminelle, la partie publique sera seule chargée des frais d'exécution ; elle fera l'avance des frais d'instruction, expédition & signification du jugement, du remboursement desquels ceux qui se seront constitués parties civiles seront personnellement tenus ; sauf, dans tous les cas, le recours des parties civiles contre les prévenus ou accusés qui auront été condamnés.

Pour extrait conforme

L'ARCHI-TRÉSORIER DE L'EMPIRE

Signé LE-BRUN.

Par Son Altesse Sérénissime

Le Secrétaire de ses commandemens,

Signé BENOÎT

20.

Décret Impérial du 13. pluviose an 13. concernant les saisie-arréts & oppositions entre les mains des préposés de l'administration de l'enrégistrement & des domaines.

Art. 1. Les saisie-arréts & oppositions aux païemens à faire par les préposés de l'administration de l'enrégistrement & des domaines, pour les objets susceptibles d'étre ainsi arrétés, ne seront valables qu'autant qu'elles auront été notifiées au directeur de cette administration dans le département où le payement devra étre effectué, & que l'original en aura été visé par ce directeur, avec indication de la date & du numéro du registre par lui tenu à cet effet.

2. Les ordonnances, mandats & exécutoires, exceptés ceux pour indemnités aux jurés, taxes à témoins, & autres frais de justice, qui doivent étre payés sur-le-champ, ne pourront étre acquittés par les préposés qu'aprés qu'ils auront été revétus du *visa* du Directeur, constatant qu'il n'existe point de saisie-arrét ni d'opposition.

30

3. Le Ministre des finances est chargé de l'exécution du présent décret.

Pour extrait conforme

L'Archi-Trésorier de l'Empire

Signé LE-BRUN

Par Son Altesse Sérénissime

Le Secrétaire de ses Commandemens

Signé Benoit.

21.

Extrait du décret impérial du 25. germinal an 13 , concernant la quotité du droit d'enrégistrement des actes de cautionnement des adjudications & marchés pour le service des ponts & chaussées, de la navigation, & des ports maritimes & de commerce.

Art. 1. Les actes de cautionnement relatif aux adjudications & marchés pour le service des ponts & chaussées, de la navigation & des ports maritimes & de commerce, ne seront assujettis, pour leur enrégistrement, qu'au droit fixe d'un franc.

Pour extrait conforme

L'Archi-Trésorier de l'Empire

Signé LE-BRUN.

Par son Altesse Sérénissime

Le Secrétaire de ses commandemens,

Signé Benoit.

N. 40.

Administration de l'enrégistrement & des Domaines.

*Suite de la publication des Loix à execu-
ter à compter du 1. Vendém. prochain
(23. Septembre 1805.)*

L' ARCHI-TRÉSORIER
DE L'EMPIRE

En vertu des Pouvoirs qui lui ont été
conférés par Sa Majesté l'EMPEREUR,
et ROI,

Sur la proposition de l'Inspecteur général de l'enrégistrement & des domaines,
Commissaire extraordinaire pour l'organisation des contributions indirectes;

Vû le décret impérial du 15. messidor an 13, portant que le Code Napoléon
sera publié dans les pays composant la
ci-devant République Ligurienne & y sera
exécutoire à compter du 1.er Vendémiare
prochain,

DÉCRÊTE:

Le délai pour inscrire les titres em-
portant droit de privilège ou d'hypotheque
faits ou passés depuis & y compris le 1.
fructidor présent mois, jusques & y compris le 5.ᵐᵉ jour complimentaire suivant,

32

sera d'onze mois à compter dudit jour 1.er
Vendémiaire an 14.

Fait en notre Palais à Gênes le 26.
fructidor an 13. (13. Septembre 1805.).
Pour extrait conforme
L'Archi-Trésorier de l'Empire
Signé LE-BRUN.
Par son Altesse Sérénissime
Le Secrétaire de ses commandemens,
Signé Benoit.

N. 41.

EXTRAIT

DES MINUTES DE LA SECRÉTAIRERIE D'ÉTAT.

Au Palais Impérial à Gênes
le 15. Messidor an 13.

NAPOLÉON

Par la Grace de Dieu et par la Constitution de la République Empereur des Français

DÉCRÈTE:

1. Le Code Napoléon sera publié dans les pays composant la ci-devant République Ligurienne au Chef-lieu de chacun des Départements de Gênes, de Montenotte, des Appenins, et au Chef-lieu de l'Arrondissement de Saint-Remo dépendant du Département des Alpes maritimes, et ce dans le délai de vingt jours à compter de la date du présent Décret.

Ce Code sera exécutoire dans touts les dits pays à compter du 1.er Vendemiaire prochain.

2. La Loi de la ci-devant République Ligurienne du 26. Mars 1799. concernant

les substitutions existantes à l'époque de cette Loi récevra son exécution, si ce n'est à l'égard de l'exception, qui y est faite relativement aux Étrangers, la quelle exception n'aura aucun effet à l'avenir.

3. Seront également publiées les Lois, et dispositions des Lois, qui suivent, concernants le régime hypothecaire;

Savoir:

I. L'article 62. relatif aux hypothéques dans la Loi du 9. Vendemiaire an 6.

II. Le titre 3. de la Loi du 11. brumaire an 7. sur le régime hypothécaire.

III. La Loi du 21. ventose an 7. sur l'organisation de la conservation des hypothéques.

IV. La Loi du 6. messidor suivant relative aux inscriptions hypothécaires sur les comptables publics.

4. Le délai pour inscrire les titres emportants droit de privilège, ou hypothéque, qui existeront à l'époque du 1.er fructidor prochain, sera d'un an à compter de la dite époque.

5. Les réglémens, et les usages du pays relatif à la forme de procéder, soit à la vente forcée des immeubles, soit à l'ordre à établir pour distribuer entre les Créanciers le prix de la vente des dits

immeubles continueront provisoirement d'être observés.

6. Seront aussi publiés dans la même forme, & dans le même délai

I. La Loi du 25. ventose an 11. contenant l'organisation du Notariat;

II. L'Arrêté du 2. nivose an 12. relatif à l'organisation de la Chambre des Notaires.

7. Notre Archi-Trésorier est chargé de l'exécution du présent Décret.

Signé NAPOLÉON.

PAR L'EMPEREUR

Le Secrétaire d'État
Signé HUGUES B. MARET.

Pour Copie conforme

L'ARCHI-TRÉSORIER DE L'EMPIRE

Signé LE-BRUN

Par Son Altesse Sérénissime :
Le Secrétaire de ses Commandemens,

Signé BENOIT.

N. 43.

L'ARCHI-TRÉSORIER

DE L'EMPIRE

En vertu des pouvoirs qui lui ont été conférés par S. M. l'EMPEREUR et ROI

DÉCRÈTE:

Art. 1. Le décret de ce jour, qui fixe les rapports de la monnaie légale de l'Empire français, avec la monnaie légale de la ci-devant République Ligurienne, ne pouvant avoir son application complette qu'à l'époque prochaine où l'attelier monétaire de Gênes sera en activité, et où la fabrication aura mis ces deux monnaies en concours, le rapport du franc de l'Empire avec la monnaie de Gênes, servira de régulateur dans toutes les caisses de recettes et de payemens.

2. En conséquence tout débiteur de sommes stipulées en francs, qui voudra s'acquiter en monnaie de Gênes, payera autant de fois, une livre quatre sols, qu'il devra de francs de l'Empire.

3. Les payeurs acquiteront sur ce pied, toutes les sommes qu'ils devront payer en

francs, pour les differents services dont ils
sont chargés.

4. Messieurs les Préfets de Gênes , Montenotte, des Appennins et des Alpes maritimes,
sont chàrgés de l'exécution du présent decrèt.

Fait en nòtre Palais à Gênes le troisième
jour Complémentaire an 13. (20. Septembre
1805.) .

Signé LE-BRUN.

Par Son Altesse Sérénissime

Le Secrétaire de ses commandemens,

Signé Benoit.